뜨거운 햇볕, 파란 바다, 시원한 망고 주스, 고양이...

표지에 있는 고냥희씨는 발리에서 스쿠터를 타고 남쪽 끝으로 여행을 가던 길, 해변 앞 카페에서 만난 친구입니다.
만만하게 생각했던 스쿠터 여행은 장시간 운전으로 뻐근한 엉덩이, 저리는 손목, 헬멧 속 땀에 젖은 머리칼처럼 생각보다 힘들고 지친 여정이었어요. 하지만 우연히 발견한 해변 앞 카페에서 시원한 망고 주스를 마시며 고양이를 만난 이 순간 덕분에 다시 힘을 내, 목적지까지 달려갈 수 있었어요.
그러니까 우리가 가끔 혹은 자주 힘들고 지쳐도, 계속해서 살아가는 이유는 매일 비슷한 듯 흘러가는 일상 속에서 만난
사소하고 별거 없는 모든 순간 덕분일 거예요.

» 당신에게도 오래도록 기억되고 있는
사소한 순간이 있나요?

사소하고 별거 없는 모든 순간에게

이채은

나의 사소하고 별거 없는
이 모든 순간의 기록이
누군가에게는 위로가,
누군가에게는 용기가,
누군가에게는 따스한 온기가
되어 가 닿기를.

안녕을 건네며

즉흥적인 행동은 대개 타인으로 인해 시작된다. 누군가의 한마디, 영화 속 대사, 책 속의 한 줄. 이런 사소한 타인의 영향이 어떠한 행동을 취하게 하는 이유는 간절하게 품고 있지만 감출 수밖에 없는 마음에, 애타게 듣고 싶던 한마디를 예고 없이 마주하게 되어서일지도 모른다.
어리고 약했던 스무 살의 나는, 툭하면 억울함에 우는 것 말고는 할 수 있는 것이 없었다. 그런 그때의 나는 그저 누군가의 괜찮다는 말 한마디가 듣고 싶었는지도 모른다.

"상황이 뭐 어때서! 마음만 먹으면 뭐든 할 수 있어!"
와 같은 간단한 말.

고등학교 졸업식이 끝나기도 전부터 백화점에서 판매업을 시작했다. 대학에 갈 상황도 아니었던 그땐, 학교 출석률보다는 돈을 버는 게 더 우선이었으니까. 유독 잠이 많아 새 학기가 시작될 때마다 잘 자는 것으로 유명했던 나는 자느라 소풍을 못 간 적도 있고, 지각은 일주일에 떡볶이 사먹는 만큼씩은 했다. 그랬던 내가 돈을 벌기 시작하니 학교 친구들의 걱정과는 달리, 아무리 밤을 새우더라도 지각 한 번 하지 않고 직장을 다녔다.
그렇게 시작된 스무 살의 세상은 그저 그렇게 돈을 벌고, 월세 걱정을 하며, 진상 고객들의 눈치를 보느라 아무 큰소리도 못 내는. 그래도 같이 일하는 좋은 언니, 동생들과 항상 곁에 있는 친구들 덕분에 웃고 웃던. 그러면서도 어딘가 마음 한구석이 답답한 것을 견딜 수가 없어 가끔씩 다르게 사는 상상을 하다 밤을 지새우곤 했다. 그러는 와중에도 몇 번의 꿈을 꾸었지만, 그럴 때마다 누군가 방해라도 하는 듯 마음처럼 되지 않았고, 후회와 무기력함만을 남긴 채 나의 스무 살은 끝이 났다. 그렇게 이제는 설레지도, 기대되지도 않는 새해를 맞이하고 나의 스물하나를 보내고 있었다. 그때 그 누군가를 만났다.

아니, 만났다는 말보다 스쳐 갔다는 말이 더 어울릴까.

스물한 살의 내 눈엔 한없이 어른으로 보였던 이십 대 후반의 그는 내가 일하는 매장 건너편에 이따금씩 일을 도와주러 나오는 사람이었다. 딱히 어울릴 일도, 말 섞을 일도 없었던 그와 말을 트게 된 건 백화점 행사장에서 각자의 매장 매대가 나란히 자리하게 되면서였다. 손님이 없어 고요하던 행사장에서 아마 그가 먼저 지루함에 말을 걸었을 거다. 그렇게 한참을 얘기하다 보니 '여행'이라는 주제가 나왔고, 나는 여행을 좋아하는데 시간도 돈도 없어서 할 수 없다는 불만을 잘 알지도 못하는 그에게 툭 던졌다. 그런 나에게 그는 자신의 이야기를 해주었다. 스무 살이 되면서부터 군대 전역을 하고 나서까지 아르바이트를 하며 여러 나라를 여행했다는 이야기….

SNS가 활동적이지 않던 그 당시에 보고 듣던 여행기는 서점에 가지런히 놓여있는 여행 에세이가 전부였던 나에게, 그의 직접적 경험담은 새롭게 와닿았다. 수영하다 상어를 만났다든가, 원시인에게 끌려갔다든가 하는 어마어마한 이야기는 아니었다. 그저 어느 시골 마을을 스쿠터를 타고 달린 이야기, 그러다 크게 넘어져 다쳤는데 현지 사람들의 도움을 받은 이야기, 그 나라의 바다는 너무 짜서 상처가 소독되는 듯했다는 시시콜콜한 이야기가 스물한 살의 내 눈을 반짝거리게 만들기엔 더할 나위 없이 충분했다.

그리고는 그가 말했다.

"나는 곧 서른이지만 하고 싶은 걸 해보려고 이제 막 대학교 1학년이 되었어요. 지금 그 나이에 할 수 없다는 말은 다 핑계예요. 뭐든 할 수 있는 나이잖아요."

어쩌면 내가 정말 듣고 싶던 말. 뭐든 할 수 있을 거라는, 하고 싶은 대로 살라는 그 말을 우연히 스쳐 지나가는 시간 안에서 들었다. 나의 친한 친구도, 내 인생을 조금이라도 엿본 지인도 아닌, 어쩌면 내 이름도 몰랐을 그에게서 말이다. 그럼에도 나는 그 한마디에 용기를 얻었고, 이 일이 아니면 할 수 있는 게 없을 거라는 두려움에 그만두지 못했던 백화점을 그만두었고, 공장에 들어가 악착같이 돈을 모았고, 내 주제에 감히 세계 여행을 떠났다.

그 여행에서 나는 1년이라는 시간 동안 세계 곳곳을 밟고, 그의 여행 이야기처럼 별거 없지만 소소하게 그곳에 사는 사람들의 인생을 보았다. 또 여행 안에서 스쳐 지나간 한 여행자의 호주가 좋다는 말 한마디에, 나는 호주로 떠나 2년 동안의 삶을 살았다. 그렇게 3년이 넘는 시간 동안 정말 하고 싶은 대로 지냈다.

내일과 다음 달과 내년을 고려한 선택이 아닌, 오늘 하루와 지금의 감정에 충실한 선택을 하며 마음이 가는 대로.

그 결과로는 걱정을 안고 살아야만 후회할 선택을 하지 않을 거라며, 쓸데없이 많은 생각에 이따금씩 머리가 아팠던 내가- 후회할 각오를 할 줄 아는 용기가 생겼고, 내 주제는 주변의 시선과 타인과의 비교가 아닌 나 스스로 마음먹기 문제라는 것을 깨달았고, 그냥 크게 잘난 거 없는 나라도 뭘 하든 잘 먹고 잘 살 수 있을 거라는 자신감을 얻었고, 사사로운 것들에 행복을 누리는 방법을 배웠다.

그러니까 이렇게 주저리주저리 떠드는 이유는
눈물점 때문인지는 모르겠으나
아직도 툭하면 울기는 하다만,
누군가의 한마디로 인하여 이제는 우는 것 말고도
할 수 있는 것이 꽤 생긴 나처럼,
다른 누군가도 그랬으면 좋겠다는 생각을 했다.

분수에 맞는 삶을 살되,
그 분수에 주눅 들지는 않았으면 좋겠다고,
안될 이유는 스스로가 된다고 하는 순간
별것도 아닌 게 되고,
후회할 각오와 행복해질 거라는 믿음이 담긴 선택이라면
불안해도 괜찮을 거라고 응원해주고 싶은 마음으로.

그러니까 삶은 마음 먹기 나름이에요.
가끔은 지독할지라도.

목차

prologue 안녕을 건네며

하나. 낯선 길 위에서의 모든 순간에게

p20 ··· 도망쳐도 괜찮아

p23 ··· 여행을 준비하는 과정에선 머리보다 마음이 더 바쁘다

p30 ··· 사진으로만 보던 장면을 실제로 마주했을 때

p33 ··· 먼저 손 내밀어 보기

p37 ··· 비행기를 놓쳤을 땐 그냥 운명인 듯 더 머물러본다

p43 ··· 최악에서 최고가 되는 단순한 이유

p48 ··· 연예인 여행자

p51 ··· 이상한 나라의 마라케시

p52 ··· 사막에서 시간을 보내는 방법

p54 ··· Keep strong mind

p59 ··· 정말로, 인도

p65 ··· 사람 냄새가 너무 진해서 코끝을 떠나지 않는다

p68 ··· 당신이 생각나는 찰나의 순간에, 후에 계속해서 머물고 있는 그 시간에

p71 ··· 앞니 빠진 릭샤왈라

p73 ··· 바라나시는 그런 곳이라고들 한다

p77 ⋯ 여행을 떠난 지 164일 만에, 그리운 내 가족을 만났다

p84 ⋯ 물결이 이는 것은 밤하늘 그리고 별 때문이었다

p87 ⋯ 내 생에 가장 지루한 일주일

p95 ⋯ 내가 이루고자 하는 일에 만약은 없다

p100 ⋯ 아디오스

p105 ⋯ 우유니 소금사막을 정말로 마주했을 때 우리는

p110 ⋯ 카네이션을 대신 할 것들을 나 홀로 파도와 함께 새겨봅니다

p112 ⋯ 마지막이라는 이름으로

p116 ⋯ 집으로 가는 길

p120 ⋯ 여행이 끝나고 난 뒤

둘. 낯선 삶 안에서의 모든 순간에게

p126 ⋯ 호주로 떠난 이유

p130 ⋯ 딸기농장을 가다

p134 ⋯ 별이 빛나는 밤은 항상 옳다

p137 ··· 잘 살고 싶다는 마음을 품었다는 건,
행복해질 준비가 되었다는 것

p139 ··· 잘 먹고 잘 사는 법

p141 ··· 모든 일에는 그에 맞는 이유가 있다

p145 ··· 또 다른 시작을 맞이한다는 건

p148 ··· 지겨움 속에서 즐거움 찾기

p153 ··· 불안해도 괜찮아, 그것 또한 너의 예쁜 순간이야

p158 ··· 가치 불변의 법칙

p165 ··· 때로는 순간의 발걸음이 예상치 못한 하루를
가져다준다

p167 ··· 우리가 함께하는 여행

p170 ··· 우리가 함께하는 여행, 둘

p174 ··· 정말로 바이런베이에 살다

p177 ··· 호주에서 청소부로 살아간다는 것

p180 ··· 앞으로 한참은 더 함께 했으면 하는 간절함을 담아

p183 ··· 마음의 준비를 한다고 해서 달라지는 것은 없겠지만

p185 ··· 너와 함께하는 캠핑

p193 ··· 치열하고도 찬란했던 날들에 대하여

p197 ··· 오늘 두 번 이상 들은 노래

셋. 나의 모든 순간에게

p204 ··· 정착 [정 : 착] 일정한 곳에 자리를 잡아 붙박이로 있거나 머물러 삶

p208 ··· 여전히 익숙한, 여전히 그 자리에

p211 ··· 우리는 아직도 위태롭지만

p215 ··· 있어야 할 것이 없거나, 필요한 것이 모자라거나

p218 ··· 희망은 좋은 것

p224 ··· 단 한 번씩의 오늘

p230 ··· 좋은 시절

p234 ··· 잘 살았으면 좋겠다는 말

p237 ··· 당신의 아름다운 하루에 박수를

epilogue 안녕을 고하며

Thanks to.

하나. 낯선 길 위에서의 모든 순간에게

낯선 길 위에서는 아무리 울어도 창피하지 않았다.
마음껏 울 수 있다는 것.
그만큼 떠나야 할 충분한 이유가 또 어찌 있을까.
긴 시간을 괜찮은 척 살아왔던 나는, 낯선 길 위에서 마음껏
울고 나서야 정말로 괜찮다고 말했다.
이제 더이상 나의 삶을 원망하지 않아도 될 것이라-
지극히 실감했다.

도망쳐도 괜찮아

흔하다는 행복이 참 어려운 이 세상에서
모두는 그래도 괜찮아.

"나는 왜 이렇게 태어난 거야?"
철없다, 생각되던 하나뿐인 남동생은 툭하면 세상의 모든 불만을 남 탓이라 말했다. 나는 그 말이 듣기 싫어서 동생의 전화나 메시지 따위를 전부 무시하는 못난 누나가 되었고. 사실, 정말로 남 탓이 맞을 수도 있는데. 아직 어린 동생은 그리고 세 살이 더 많아도 그래도 어린 나는, 정말로 다른 사람 때문에 이렇게 살고 있는 것일지도 모르는 일인데 말이다. 그냥 누군지도 모르는 사람들에게 인정받고 싶었나 보다. 그래서 힘들어도 힘들지 않다고 말하고, 어쩌다 '힘들다.' 라고 말해도 '그래도 난 괜찮아!'라는 말을 급하게 덧붙이고는 했다.

나는 버텼고, 나는 괜찮은데 나와 비슷한 환경에서 자라 온 괜찮지 않다 말하는 사람들을 이해하지 않으려 했다.

"그게 무슨 소용이야?

그래도 어차피 네 인생은 너 혼자인 거야."
이게 내가 그들을 대하는 태도였다.
그런데 어느 순간부터는 이게 참 억울하더라. 경멸 섞인 상대의 눈빛에 당하면서도, 툭하면 전기가 끊긴 아무도 없는 집에 들어서면서도, 고작 몇천 원 차비가 없어 학교에 못 가면서도, 꼴에 자존심은 있어 잘 자는 것으로 유명하던 내 특기를 방패 삼아 '늦잠 자서 학교 못 가요.'라며 겉만 괜찮은 너스레를 떨면서도, 갖고 싶은 운동화를 갖지 못하면서도, 사랑한다는 말을 배워보지 않아 할 줄 모르면서도, 반 친구의 불쌍하다는 말에 혼자 속으로만 상처를 깊게 파내면서도, 다 괜찮다고 했다. 그땐 더욱 어려서 툭하면 울기는 했다만 그래도 결국에는 괜찮다고 했다. 스무 살이 되면, 내가 아무것도 할 수 없는 그저 교복 입은 어린 소녀일 뿐인 이 지긋지긋한 시간이 지나고 나면 다 괜찮아질 거라고- 스스로를 다독였다. 하지만 달라지는 것은 없었다. 껍데기만 성인인 어른이 되고 나서 내가 보고 들은 것은

'사람은 분수에 맞는 삶을 살아야 한다는 것'

그러니까 참 별거 아닌 분수를 가지고 있는 나는 하고 싶은 것을 한다는 것, 소위 말해 꿈을 보고 사는 것은 절대 금지인 인생이었다.

그제야 억울했다. 조금만 기다리면 괜찮아질 줄 알고 억울해하지 않았는데, 내 인생의 모든 순간순간이 억울하고 안타까워 죽을 것만 같았다. 그리고 그 억울함에 내가 할 수 있는 것은 행복이 보이지 않을 것 같은 이 삶 안에서, 그나마 행복이라 떠들 수 있을 만한 일을 찾는 것이었다. 그게 바로 나에겐 떠나는 것, 도망이면서 도망이 아니라 우기며 떠나는 것이었다. 나는 그에 대한 두려움에 스스로를 이렇게 다독였다.

"매일 아침 눈뜨는 것이 힘이 드는 건,
사는 게 숨이 막히는 건,
너 때문이 아니라 널 이렇게 만든 다른 사람들 때문이야.
그러니까 한 번쯤은 도망쳐도 괜찮아.
전부 네 탓이 아니야."

여행을 준비하는 과정에선
머리보다 마음이 더 바쁘다

1. D-30 아마도 이유 있는 고집

매일같이 비행기 타는 꿈을 꾼다. 항상 여행에 무언가 문제가 생겨 불안함에 떠는 그런 꿈. 일이 끝나면 여행 계획에 머리를 싸매다 잠이 들어 그런가 보다. 마냥 설레는 마음에 들떠있어야 할 나는, 아직은 그러진 못한다. 참 부지런하게도 떠나기 전부터 돌아오고 나서의 공허함이 답답하고, 내가 잘 해낼 수 있을까 하는 소심함이 걱정되고, 남들 앞에서만큼은 자신만만하던 내가 도리어 비웃음을 받게 될까 무섭다. 아마도 지금의 나에겐 이것이 전부이기에 이럴지도 모르겠다.

직장에서 휴가를 받고 떠난 3박 4일간의 내 첫 여행이 끝나고 돌아와서는 거의 20시간을 잠만 잤다. 그리고 깨어나니 모든 것이 꿈이었던 것만 같은 허무함에 아팠고, 직장을 관두고 떠난 2주 동안의 내일로 기차여행이 끝나고는 그리움에 아팠고, 할머니와 떠났던 한 달간의 미국 여행이 끝나고는 아직 남아있는 따뜻함에 참 많이 아팠다. 아직도 추억하면 저릿한 아픔들이기에 이번 여행이 더더욱 무섭다.

이번에 떠났다 돌아오게 되면 또 얼마큼, 얼마 동안이나 아파하게 될까.

그럼에도 이렇게 떠나겠다 고집부리는 이유는 오로지 '여행이 좋아서!' 라고는 말 못 하겠다. 나도 충분히 내 마음이 가는 대로 살 수 있는 사람이라는 걸 보여주고 싶은 쓸데없는 오기도, 무엇 하나 잘하는 것 없는 내가 유일하게 자신 있는 거라고는 끈기와 찌질한 패기이기 때문인 것도 있다. 또한 남 눈치 보며 속앓이하기 바쁘고, 스스로 바라보는 나보다 주변 사람이 바라보는 나의 가치가 더 중요했던 내가, 세상 누구보다 당당하며 누구보다 솔직할 수 있었던 그 순간을 다시 만나기 위해 떠나겠다 고집부린다.

행복할지는 모르겠지만 어찌 되었든 내 인생에 잊지 못할 순간을 깊게 새기기 위해.

2. D-15 조금 이른 이별에 대해

조금은 무서웠던 고함소리와 또 그렇기 때문에 따뜻했던 웃음소리. 당신을 추억하자면 가장 먼저 귓가에 메아리치던 울림이었습니다.

작았던 내 어린 시절 당신의 고함소리에 참 많이 울었고, 차가운 말 한마디에 조금은 아팠고, 그랬기에 나는 이따금씩 단단한 당신에게 등을 보이곤 했었습니다. 그저 당신의 아픈 손가락이었을 내게, 유난히 손가락이 아려오는 그런 날- 알아달라 외치던 거였을 텐데 말이지요.

그 아픈 손가락이 미처 다 아물지도 못한 채, 떠나게 해서 죄송해요. 그 아프다는 외침에 한 번도 진심으로 토닥여드리지 못해서 죄송해요. 눈동자가 잠길 정도로 한없이 따뜻한 미소를 주었던 당신에게, 마지막까지도 그 미소를 갚아드리지 못해서 죄송해요.

그럼에도 내게 베풀던 아쉬움 묻은 인사와 두 손에 꼭 쥐여주던 사랑과 아픈 손가락을 들키기 싫었기에 서툴렀을 그 동정에, 나만은 당신만큼 아프지 않고 조금 더 따뜻한 채 남아있어 죄송해요. 이 죄송함을 밟고 그곳에는 따뜻함만을 꼬옥 안고 가시길 바라요.

사랑합니다, 할아버지.

-손녀딸 채은이가

여행을 떠나기 한 달이 조금 넘게 남았던 날, 할아버지의 병세가 급격히 안 좋아졌었다. 그렇기에 여행을 미뤄야 하지 않겠냐는 가족들의 조심스러운 우려가 있었지만 못 들은 척, 나는 이기적인 여행을 준비하고 있었다. 불안한 줄 알면서도 애써 내가 돌아올 때까지 무사하실 거라며 꾸역꾸역 포장해오던 내 마음을 아셨던 건지, 분명 아직은 아니라던 의사의 말과는 달리 할아버지는 갑자기 우리 곁을 떠나셨다.

긴 여행을 떠나는 이기적인 손녀의 발걸음을 가볍게 해주려는 배려인 것만 같아 마음이 먹먹했고, 혹여나 두 손을 잡고 여행을 미루겠다- 안심시켜드렸으면 그 마지막이 조금은 늦어졌을까 하는 생각에, 그 먹먹함이 아려왔다.

아프고 힘들었던 기억이 선명한 탓인지 깨끗이 씻어지지 않는 원망에, 이 이별이 감히 슬프지 않을 것 같다고 생각을 했었다. 그 생각을 가소롭게 여기듯, 할아버지를 보내는 내내 잊고 있던 따뜻한 기억들이 더욱 내 마음을 죄어왔다.

처음 자전거를 배우던 7살, 보조 바퀴를 달아주던 뒷모습

밭일을 나간 할머니 대신 투박한 손으로 끓여주던 라면

비 오는 날, 행여나 젖을까 품 안에 꼭 숨겨오던 시장 닭집의 통닭

꼭 붙잡으라고 신신당부하며 태워주던 경운기

마지막 인사도 없이 도망치듯 시골을 떠나던 날, 그때는 미처 헤아리지 못했던 당신의 고독함과 외로움

그럼에도 다시 마주했을 때 보이던 유쾌한 미소

떨어져 지낸 뒤, 가끔 시골에 내려가 찾아뵙고 떠날 적에 뒷모습 끝까지 아쉬움으로 인사하던 손짓.

    이제는 오로지 추억으로만 꺼내 볼 수 있기에, 다시는 마주할 수 없기에 무섭고 그립고 아팠다. 처음 겪는 참 너무한 감정에 어린아이처럼 목놓아 울어댔다. 마지막인 줄 몰랐던 그 마지막 날까지도 살갑지 못한 손녀였던 내가 참 미웠다. 그날 아픔에 고통스러워하는 와중에도 혼자 병실을 지키는 내가 안쓰러우셨던지, 맛있는 밥 사 먹고 오라며 쥐여주던 용돈을 철없이 써버린 내가 참 미웠다. 이제 와서 좋았던 추억만을 꺼내놓는 내 기억도, 내 마음도 전부 다 미웠다. 그렇게 한참을 미워하고 나서야 다시는 생각하고 싶지 않았던 그 시절도 그리워할 줄 알게 되었고, 아팠던 만큼 내 어린 시절도 빛이 났음을 깨달았다.

원망했던 못난 마음을 지워낸 만큼, 내 이름을 부르던 그 억양과 덧니가 보이던 호탕한 웃음으로 채운 마음을 꼭 안고- 참 이기적이게 잘 다녀오겠습니다.

3. D-10 여행을 대하는 자세

어제부로 직장동료들의 응원과 걱정 담긴 격려를 받으며 퇴사를 했다. 무사히 잘 다녀올 거라는 나의 외적인 믿음에 비해 불안함에 떠는 내적인 믿음 때문에, 여행을 준비하던 나는 태어나 처음으로 용하다는 점집을 찾았다. 조금 무서운 마음으로 도착한 그곳에선 인자한 아주머니가 믹스커피를 타 내주며 맞이할 뿐이었다. 그리고 너무 많은 좋은 말씀들을 듣고, 귀 얇은 나는 그새 또 신이 났고. 어떤 이는 맹신하고 또 어떤 이는 불신하는 그 말들은 나는 딱 알맞게 믿고 어느 정도는 의아해하고자 다짐하며, 그저 내가 이 여행을 위해 조금 더 노력할 발판으로 살포시 내려놓았다.

내가 이때까지 그토록 불안했던 이유는 찌질한 성격 탓 조금, 과한 기대는 조금 더 많이, 였던 것 같다. 아무것도 아닌 내 인생에 무언가 바뀔 수 있지 않을까 하는 막연한 기대가 커질수록 내 목표를 이루지 못했을 시에 느낄 좌절과 스스로에게 내보일 실망에 대한 두려움도 커진 것 같고-
그게, 오로지 즐거워야 할 여행을 자꾸만 괴롭혔다.

어느 영화에서 그랬다. 예술은 원래 엉망진창이라고. 무언가를 모방하는 것이 아니라 새로 만들어 내는 것이기에 어쩔 수 없는 것이라고 말이다. 이 대사에 어느 라디오 DJ가 그랬다. 인생도 누군가의 삶을 모방하는 것이 아니라 오로지 '내' 삶을 만들어 내는 것이기에 엉망진창일 수밖에 없다고. 언젠가 엉망진창이었던 그때가 참 예술이었지- 하는 날이 올 거라고 말이다.

그냥 견디기 힘이 들면 견디지 않고 울어대고, 아무것도 하기 싫은 날엔 잠에서 깨지 않고, 다녀와서 마주할 허무한 현실은 그저 언젠가 돌아올 비행기 안에서 기내식을 먹을 동안에만 걱정해야겠다.

어차피 엉망진창인 인생에서
여행 또한 멋대로 흘러가도록.

사진으로만 보던 장면을
실제로 마주했을 때

 에펠탑은, 그러니까 파리에 있는 누구나 안다는 그 에펠탑 말이에요. 내 여행에서 아마 처음으로 '아…. 나 정말 세상 밖으로 나온 거 맞구나!' 하고 세차게 실감하게 해준 그런 존재였어요. 사실 큰 기대를 하지 않았거든요. 그렇잖아요. 인터넷에 떠도는 수천 장, 수만 장의 사진, 그저 파리에서 유명한 철조물…. 그냥 그게 전부인 줄 알았던 거죠. 그런 흔한 철조물을, 그래도 파리에 왔으니 한 번은 봐야겠다는 마음으로 찾아갔어요. 사실 그러면서도 에펠탑 앞에서의 피크닉을 해보겠다며 마트를 들리긴 했지만….
길을 잘 몰랐던 저와 친구는 언제쯤 보이는 거야? 라고 투덜거리며 한참을 걷고 있었는데, 저 멀리 큰 나무 사이로 가려진 에펠탑이 보이는 거예요. 그 순간 외쳤죠.

 "야, 소름 돋아."

꿈꿔왔던 여행을 정말로 떠났는데도 그냥 문득, '내가 정말 여행 중인 건가? 왜 이렇게 실감이 안 나지?' 하는 순간들이 있었거든요? 그런데 말로만 듣던 에펠탑을 작은 핸드폰 속 사진이 아닌 내 눈으로 보고 나니까, '내가 정말 파리에 있구나.' 하는 거예요.

그러니까 사진으로만 보던 흔하디흔한 장면을 실제로 보니까, '뭐, 사진이랑 똑같네.' 이게 아니라 '사진 속 그 장면에 내가 있는 거라고?' 이렇게 되는 거죠.

참 신기했어요.
들판에 자유롭게 누워있던 사람들도, (심지어 어떤 여자는 위에 속옷까지 벗고 선탠 중이었다니까요?) 작은 카메라에 담기 위해서는 바닥 가까이 드러누워야 했던 어마어마하게 큰 에펠탑도, 기가 막힌 날씨도 모든 게 다 신기했어요.
상상조차 사치였던 그 장면을 배경 삼아 이렇게 아무렇지 않게 서 있는 내 모습도 말이에요.
흔히 들리던 파리와 사랑에 빠진다는 말이 실제였다는 걸, 에펠탑을 보고 나서야 인정해버렸어요. 그날 이후로 이곳저곳 열심히 다니겠다던 내 파리 계획은 1일 1에펠탑이 되어버렸으니까요. 내가 정말로 떠나왔다는 것을 에펠탑만 보면 지극히도 실감 났으니까요.

아, 그리고 정말 웃긴 건 제가 술을 진짜 못 먹는 사람이거든요? 그러니까 조금만 먹어도 얼굴이 빨개지는 것도 문제지만, 그뿐만이 아니라 '그 맛없는 걸 왜 돈 주고 사 먹지?'라고 말할 정도로 어마어마한 술 찌질이.
그런데 깜깜해진 밤, 반짝거리는 에펠탑을 보면서 내 인생 처음으로 맥주 한 병을 해치웠어요.

그것도 "헐, 맛있어!"를 외치면서.

lazybooks

lazybooks

먼저 손 내밀어 보기

 여행의 시작을 함께해주었던 친구가 한국으로 돌아갔다. 앞으로 남은 혼자서 헤쳐나가야 할 긴 여행이 두려워서인지, 친구에 대한 그리움 때문인지 모를 눈물을 혼자 남은 공항에서 펑펑 흘려댔다. 무언가 서러운 어린아이처럼 두 눈이 부어라 하고. 시뻘건 눈으로 로마 공항에서 밤을 지새우고는 새벽 6시, 혼자서의 여행이 시작될 산토리니로 향하는 비행기에 몸을 실었다.
그렇게 바라고 그렇게 예쁘다던 산토리니에 도착한 나는, 피곤함 혹은 외로움을 부둥켜안은 채 허름한 호스텔에서 잠이 들었다. 그러는 바람에 산토리니 첫날은 공허함으로 끝나버리고 말았다. 참 이상했다. 분명 나는 혼자서도 잘 다닌다고 자부했었는데…. 어쩐지 극심한 낯가림에 숙소 밖을 나서는 것이 두려웠다. 문밖에서 들리는 끼리끼리 떠드는 즐거운 목소리가 듣기에 너무 거북했다고 해야 하나.

그날 저녁, 그런 내 옆 침대에 브라질에서 왔다는 한 여자가 체크인을 했다. 영어 알레르기가 심한 나는 혹여나 나에게 말이라도 걸까 싶어 통성명을 간신히 끝내고 피곤한 척, 다시 이불 속에 몸을 파묻었다. 그렇게 다음 날이 밝았고, 점심때가 지나서야 늦잠에서 깨어난 내게 그녀가 인사를 건넸다.

"Good morning!"

그리고는 무엇인가 말하고 싶어 하는 입 모양을 꾸물거리길래, 나는 최대한 바보 같은 미소를 꺼내 보이며

"I can't speak english very well…."

하고 대화를 끊기 위한 한마디를 내뱉었다. 그랬더니 그녀의 대답은 생각지도 못한 "Me too!"였다. 브라질 고향 친구라도 만난 것처럼 정말 반갑다는 얼굴을 하고서 말이다. 외국인이라 하면 전부 영어를 잘할 줄 알았던 내 생각과 달리, 그녀는 정말 영어를 못하였다. 심지어 나보다도. 그런 그녀는 구글 번역기를 열심히 돌리더니 나와 함께 가고 싶은 해변이 있어 내가 깰 때까지 기다렸다고 말했다. 순간 너무 창피한 마음에 어딘가로 숨고 싶어 미칠 지경이었다. 친구를 사귀고 싶은 용기만 있다면 언어의 문제는 아무것도 아닌 게 되는데, 나는 그런 그녀의 용기를 하마터면 무시할 뻔했으니 말이다.

그러면서도 어쩐지 들뜬 기분에 얼른 준비를 마치겠다며 자리를 박차고 나갈 채비를 했다.

산토리니에 대한 정보 하나 없이 온 나 대신, 포르투갈어로 된 가이드북을 꼼꼼히 읽은 그녀가 데려가 준 해변은 참 고맙도록 눈부셨다. 말도 안 되게 맑은 하늘 하며, 물속 깊은 곳에 있는 바위 하나하나 다 보이던 투명한 바다까지. 푹푹 찌는 날씨에 발을 담그는 것만으로도 온몸이 짜릿해지는 그런 곳이었다.

얼굴이 벌게지도록 물놀이를 하고, 서로의 모습을 담아주다가 해가 지고 나서야 우리는 숙소로 돌아왔다. 그다음 날엔 기가 막힌 일몰을, 그다음 날엔 달콤한 아이스크림을 함께 먹으며 하나하나의 추억도 더 생겨버렸다. 그렇게 함께 시간을 보내다 보니 이다음의 여행지가 있는 그녀가 먼저 떠나는 날이 되었다. 나는 이별 선물로 그녀가 먼저 용기를 보여줬던 것처럼, 엉망진창인 포르투갈어로 쓴 편지와 고마움이 담긴 작은 선물 하나를 건네었다. 그랬더니 나보다 한참은 언니인 그녀가 세상을 다 가진 아이처럼 행복해하는 것이 아닌가.

그 모습에 내가 더 고마워서 심장이 두근거릴 지경이었다.

우리가 헤어지고 나서 내 카메라에 담긴 그녀의 모습을 메일로 보내주었다. 그리고 한참이 지난 어느 날 서툰 영어로 쓰인 메일 한 통이 왔다. 그 메일에는 그녀가 아는 예쁜 영어 단어를 총동원한 듯한 글이 잔뜩 쓰여있었다.

"나의 여행 안에서 너를 만난 것은
내게 정말 큰 행운이었어.
너의 소중한 시간을 나를 위해 써줘서 고마워.
그래서 난 무지하게 행복했으니까."

참 기분이 이상한 밤이다.
그리 길지 않은 시간을 함께했던 인연이기에 다른 새로운 인연을 만나면 금방 희미해질 줄 알았더니, 점점 깊게 새겨지는 인연들만 늘어날 뿐이다.
그리고 그들에게 나 또한 행복하게 새겨질 수 있다는 그 말이 참 예쁜 밤이고.

비행기를 놓쳤을 땐
그냥 운명인 듯 더 머물러본다

 산토리니에서 극심한 한식 그리움이 터져버렸다. 물가가 너무 비싼 탓에 매일 3유로짜리 수블라키Souvlaki와 콜라로 끼니를 때운 탓이었을까. 처음에는 맛있다고 엄지손가락을 치켜세우며 먹었었는데, 날이 갈수록 지겨워지고 말았다. 그래서 큰맘 먹고 비싸 보이는 한 해산물 식당에 갔다. 식당에서 시킨 음식은 수블라키를 스무 개 정도 사 먹을 수 있는 가격이었는데 (혼자서 2인분을 주문한 탓도 있지만) 차라리 질린 수블라키를 먹을 걸…. 하고 후회할 음식들뿐이었다. 여행에서 내게 우선순위는 의식주 중에 '식'이었던 만큼 너무나도 아름다운 산토리니였지만, 이 일을 계기로 나는 다음 여행지를 고민하게 되었다.

 아쉬움이 남는 이탈리아로 돌아갈까?
 아니야, 가을바람이 좋다는 동유럽으로 갈까?

그러다 우연히 보게 된 "이 한인 민박 조식 정말 사랑이에요! 집밥이 생각 안 나는 곳입니다."라는 프라하의 어느 민박집 후기. 그 후기와 음식 사진 하나에 거금을 주고 아테네에서 프라하로 가는 항공권을 예약했다. 그렇게 나는 비행기를 타기 위해 아름다운 산토리니를 떠나, 아테네로 향하는 야간 페리에 올랐다.

남쪽 끝에서 저 위에 있는 프라하로 가는 여정은 생각보다 쉽지 않았다. 페리를 타고 밤을 새워 아테네에 도착한 나는, 피곤함에 아테네 구경은커녕 공항 의자에 앉아 퍼질러 자느라 정신이 없었다. 그 상태로 7시간 정도를 대기하다, 양치만을 대충 한 채 처음 들어보는 베오그라드로, 베오그라드에서 낯선 눈빛들을 실컷 받으며 2시간을 대기하고 나서야 프라하로 향하는 비행기에 오를 수 있었다.
그렇게 밥 사진 하나로 예약한 숙소에 도착하기까지는 꼬박 24시간이 걸렸다. 배고프고 지친 나에게 민박집 사장님은 인자한 미소와 함께 컵라면 하나를 건네었다. 컵라면 하나에 배도 마음도 배불리 따뜻해진 나는 이내 단잠에 빠졌고 다음 날 아침, 대망의 사랑이라던 조식. 따뜻한 흰쌀밥이며, 마음껏 퍼먹을 수 있는 고기반찬이며, 뜨끈한 국이며. 사랑이라는 말보다 더한 말이 필요한 밥상이었다.

예쁘다는 프라하의 모습보다 민박집의 아침밥에 '비싼 비행기 표를 내고 프라하에 오길 정말 잘했어!'라고 흐뭇할 정도였으니까. 열흘 정도면 한식에 대한 그리움은 거둬지기에 충분하겠지- 라며 열흘 뒤에 스페인으로 가는 항공권을 예약해놓고 나의 프라하 여행은 시작되었다.
(이때는 이게 얼마나 멍청한 짓이었는지 몰랐었지만.)

영국, 프랑스, 스위스, 이탈리아, 그리스….
물가 비싼 곳에서 한참을 머물다 온 내게 프라하는 천국이었다. 손을 벌벌 떨지 않고도 스테이크를 먹을 수 있었고, 예전에 한국에서 먹어본 인상을 찌푸리게 만들던 흑맥주와 달리, 기가 막히게 고소한 흑맥주 일 리터를 사천 원이면 마실 수 있었다. 비싼 입장료 없이도 구시가지 광장에 가면 매시간 다른 매력을 뽐내는 버스킹 공연자들이 있었고, 그 앞에 주저앉아 마트에서 1유로를 주고 산 캔맥주를 마시면 하루가 알차다 못해 넘쳐났다. 교통비가 필요 없을 정도로 아담한 프라하를 매일같이 산책하는 것이 좋았고, 그렇게 거닐다 향긋한 커피 향을 따라 카페에 들어서는 것도 좋았다. 무엇보다 이 예쁜 프라하에 어울리는 좋은 사람들도 잔뜩이었다.
이렇게 음식에, 흑맥주에, 사람에 취한 나는 충분히 길 줄 알았던 열흘이 매정하게 끝나버린 순간에야 정신이 번쩍 들고 말았다. 모든 여행지에서 아쉬움이야 항상 남았지만 이렇게까지 비행기 표를 일찍 예약한 나를 자책한 건 처음이었다. 앞으로의 여행에

〈항공권은 큰 이유가 있지 않다면 일찍 예약하지 말 것〉

이라는 공지를 내건 계기가 되기도 했으니까.

나의 마지막 날 아침은 사모님이 직접 담그신 김장김치와 그에 어울리는 뜨끈한 수육이었다. 원래는 조식 시간 전에 숙소를 나서야만 여유롭게 비행기를 탈 수 있었다. 모두는 얼른 공항버스를 타러 가야 하지 않냐고 타박했지만

"저 체크인도 다 했고, 수화물 부칠 것도 없어서 괜찮아요! 아침 먹고 가도 돼요!"

라는 똥고집으로 아침 밥상 앞에 앉았다. 수육은 무조건 먹고 가는 게 예의라며. 그리고 결국 그 아침 밥상은 15만 원짜리 스페인으로 가는 항공권과 맞바꾼, 15만 원짜리 식사가 되었다.

사실, 수육 때문에 비행기를 놓쳤다고 하지만 어쩌면 나는 비행기를 놓칠 핑계가 필요했는지도 모른다. 부끄러움이 많은 내가 프라하가 너무 좋아서, 그리고 함께한 당신들 또한 너무 좋아서, 프라하를 떠나기 싫다는 소리를 못 하니까

그걸 그냥 수육이라고 핑계 댔는지도 모른다. 그렇게 나는 어쩔 수 없다는 명목 아래, 열흘 하고도 일주일의 시간을 프라하에 더 머물게 되었다.

그런 생각을 해보았다. 그날 사모님이 수육을 하지 않았다면, 내가 조금 더 부지런한 바람에 비행기를 놓치지 않았더라면 다른 어떤 인연을 마주하고 또 어떤 감정을 가진 여행을 했을지…. 다행이다 싶었다. 비행기를 놓쳐버렸기에 길어진 함께한 시간이 오늘의 헤어짐을 더욱더 아프게 죄어왔지만, 그래도 다행이다 싶었다.
이제는 정말로 떠나기 전날 밤, 숨 막히게 잔잔한 야경을 마주하며 누군가 그랬다.

"여행을 하다 보면 대단한 무언가가 있어서 기억되는 것보다 그곳에서 만난 사람으로 인해 기억되는 장소가 더 깊게 새겨지는 것 같아요."

그리고 이곳 또한 당신들로 인해 내게도 깊게 새겨질 것 같다고 말하고 싶었지만, 차마 용기가 나지 않아 그저 속으로 삼켜버렸다.

비행기를 바보같이 놓치고 나서 한참을 한심함에 속상했지만, 이상하게 날이 갈수록 그 바보 같은 순간이 고마워지던 곳. 유난히 큰 감동도 큰 감흥도 없었지만, 그 어느 곳보다 따뜻했던 곳. 무엇을 보는 것보다는 오롯이 느껴야 알 수 있는 이 프라하를 떠나며-

아마 오래 지워지지 않을 향기들과
이따금씩 날 멍하게 만들 순간들과
따스하게 묻어있는 이 온기들에
아픈 만큼 단단해진 마음이 되길.
그렇게 언젠가는 이 순간의 우연도
인연이라 웃으며 새길 수 있는 사람이 되길.

최악에서 최고가 되는 단순한 이유

 프라하에 그리고 그곳의 사람들에게 너무 과한 정을 줘 버린 탓인지, 유럽에서 가장 기대가 컸던 바르셀로나는 가장 가기 싫은 도시가 되어버리고 말았다. 그래도 떠날 사람은 떠나야 한다며 바르셀로나에 도착하였고, 두려움 반 설렘 반으로 카우치 서핑Couch Surfing을 시도해보았다.
아니, 솔직히 두려움이 훨씬 더 큰 상태로 맞이한 호스트는 정말 다행스럽게도 좋은 사람인 것 같았다. "역시 나는 여행에 있어 인복 하나는 제대로야!"라며 체코를 떠난 후유증을 이겨내고 있었으니까. 이렇게 운이 따라주는데 나도 그에 걸맞게 마음을 열어야지- 하고. 하지만 마음의 문을 열겠다며 문고리를 잡자마자 내 예상과는 달리 최악이 되어버리고 말았다. 하루가 지나서야 본색을 드러낸 것인지, 아니면 원래 당연한 건지, 혹은 내가 문제인 건지. 단지 '남자 호스트'일 뿐이라고 생각되던 호스트는 말 그대로 '남자 호스트'라는 얼굴로 내게 겁을 주었다.

문제는 다음 날, 느지막이 점심을 먹고 나서였다.
호스트에 대한 고마운 마음에 한인 마트에서 사 온 한국 라면을 끓여주었고, 매운 것을 잘 먹지 못하지만 그럼에도 포기하지 않고 라면을 먹는 그 친구 덕에 식사하는 내내 웃음이 끊이질 않았었다. 그만큼 조금 어색했던 전날 밤보다 더욱 가까워졌다는 생각에 왠지 모를 뿌듯함이 느껴지기도 했다. 식사가 끝나자 그는 바르셀로나 여행 영상을 보여주겠다며 방으로 가던 나를 불러세워 거실에 앉혔다. 그리고 그가 큰 화면에 틀어준 바르셀로나의 매력이 구석구석 담긴 동영상에 감탄을 내뱉던 찰나, 느낌이 썩 좋지 않은 손길이 내 어깨에 닿았다. 나도 모르게 눈살이 찌푸려졌지만, 그저 친근함을 표하는 스페인식의 스킨십일 수도 있을 거라는 생각에 이내 표정을 풀고 정중히 그 손길을 거부했다. 하지만 그는 멈출 생각이 전혀 없어 보이는 얼굴로 내가 정중하게 대할 수 없는 지경에 이르렀다.
오만가지 생각이 다 들면서 두려움에 온몸이 떨려왔지만, 행여나 약한 모습을 보이면 나를 더욱 얕잡아 볼까- 최대한 단호한 얼굴을 꺼내 들었다. 그리고 내 작은 두 눈에 있는 힘껏 힘을 주고 소리를 지르고 말았다.

여행 내내 좋다는 말을 입에 달고 지내던 내가, 아마 처음으로 "No!"를 외친 순간이었다.

배낭을 메고 밖으로 도망쳐 나와서야 눈물이 터져 나왔다. 배낭이 무거워서인지 두려움 때문인지 다리는 중심을 잡지 못하고 금방이라도 무너질 듯 휘청거렸다. 그렇게 사람들의 애처로운 시선을 받으며 지하철을 타고 아무 호스텔을 찾아갔다. 급하게 찾아간 호스텔 침대에 누워 이불 속에 온몸을 파묻었다. 이불 속에서 한참을 울다 눈물로 뿌예진 시야를 간신히 거둬내고는, 한국으로 가는 항공편을 검색해보았다. 유럽 여행을 꿈꾸며 가장 로망에 차 있던 바르셀로나는 여행을 떠나 처음으로 한국 가는 비행기 표를 알아보게 만든 거다.

호스텔에서 만난 누군가는 그래봤자 어깨나 팔 따위를 조금 쓰다듬은 거 가지고 무슨 유난이냐며 웃어넘겼지만, 그 누군가가 고작이라고 말하던 그 불쾌한 스킨십만이 이유는 아니었다. 여행에 있어서 운은, 특히나 인복 하나는 타고났다고 자부하던 나의 행운이 와르르 무너지는 기분이었다. 내 행운이 끝이 난 것만 같은 못난 생각이 계속해서 머릿속을 맴돌았다.

그리고 무서웠다. 이러다 내가 여행을, 여행을 통해 마주하게 되는 소중한 인연을 꺼리게 될까 봐.

참 서러웠다. 나는 마음을 열려고 했는데 어쩜 내게 그럴 수 있느냐고 호스트에게 따지는 것인지 바르셀로나에 따지는 것인지 혹은 그냥 나 자신에게 억울해서인지, 3일을 내내 서럽고 억울하다며 울다 지쳐 잠이 들었다.

기운을 차려보겠다며 나선 거리는 오히려 내 짜증을 돋게 할 뿐이었다. 행여나 그 호스트를 마주칠까 두려웠고, 그 집에서 맡았던 향수 냄새가 코끝을 스칠 때마다 흠칫하는 내 모습은 초라하고 안쓰럽기 그지없었다. 그렇게 다른 이들이 극찬하던 바르셀로나는 단 하나도 아름다워 보이지 않았다.

그런데 사람이 참 웃긴 게 죽어라 증오하다가도 별거 아닌 것에 다시 마음을 내어주고 만다. 지나가다 맛본 간식거리 하나에, 꼭 나를 달래주는 듯한 불꽃놀이에, 또다시 정을 주고야 말아버린 사람들 덕에 참 쉽게도 이곳을, 이 여행지를 사랑해버린다. 그리고 그 순간부터 시간은 거짓말처럼 두 배, 세 배로 빠르게 흘러가고 그만큼 내 아쉬운 마음 또한 세 배, 네 배로 넘치게 된다. 다시금 만들어진 작고 또 소중한 인연 덕에 우습게도

 "역시 난 여행에 있어 인복 하나는 타고났어!"

라고 고새 외쳐버리고말고.

이런 단순한 내가 바보 같다가도 참 마음에 든다.
이렇게 쉬운 내가 좋고, 나를 한 번 더 사랑하게 만드는 이 여행 또한 좋다.

앞으로 몇 번을 더 울고 상처받고 증오하며 원망하다가,
또 몇 번을 행복하다 외치며 마음을 빼앗기고 사랑하게 될지는 모르겠지만, 최악과 최고를 오고 가는 힘든 감정에 조금은 용기가 생겼으니- 그걸로 됐다.

연예인 여행자

 바르셀로나에 있는 소규모 게스트하우스에 머물고 있을 때였다. 밖에서 늦은 저녁을 먹고 있는데 숙소 주인 언니에게 한 통의 메시지가 왔다.
 "여기 연예인 왔어!!!"
그 메시지를 받고 나서 나를 얼른 숙소로 들어오게 하려는 수작이겠거니…. 하고 웃어넘겼는데, 늦은 밤 돌아온 숙소에는 정말로 내 눈앞에 TV에서만 보던 그가 서 있었다. 나의 어린 시절, 그 시대를 휘어잡던 참 커 보이던 사람. 그 사람과 그의 회사 동료를 포함한 3명의 대단한 사람들이 내가 있는 바르셀로나에 함께 있는 것만으로도 모자라서, 내가 묵고 있는 게스트하우스에 함께 묵는- 그런 신기한 일이 내 여행에 새겨진 거다.
처음엔 그저 의아하기만 했다. 내가 상상할 수도 없는 수많은 돈을 벌었을, 그리고 벌고 있을 사람이 어째서 5성급 호텔이 아닌 한낱 나 같은 배낭여행자가 묵고 있는 게스트하우스에 온 것일까- 하고. 어마어마한 수영장이 딸린, 푹신하고 거대한 침대가 있는, 루프탑에선 바르셀로나 시내가 한눈에 보이고, 그 풍경을 안주 삼아 와인을 마시고 있어야 할 모습이 어울리는 그였는데 말이다. 감히 말을 붙이기도, 눈을 마주하기도 과분한 사람이라는 생각이 들어 바르셀로나에 있는 숙소에서조차 나는 그를 연예인으로 맞이했다. 하지만 시간이 지나면서 내 눈에 보이는 그의 여행은 나의 색안경을 벗겨 내주었다.

게스트하우스에 묵는 모든 여행자들과 함께 세수도 하지 않은 얼굴을 마주 보며 아침밥을 먹고, 저녁이면 달곰한 샹그리아를 나눠 마시다 보니, 아무리 그가 유명한 연예인일지라도 이곳 바르셀로나에선, 그리고 이 게스트하우스에서는 한낱 여행자에 불과하다는 것을 깨닫게 되었다. 하루가 끝나면 서로의 여행을 공유하고, 각자의 살아온 이야기라던가 여행을 떠난 이유를 주고받는. 그렇게 낯선 장소에서 만난 낯선 우리가 결국엔 여행이라는 주제 하나로 웃고 떠들 수 있는 그런 여행자 말이다.

"왜 호텔을 안 가고 이런 곳을 왔어요?"

라는 물음에

"쟤 서민체험 좀 시켜주려고요."

라며 꽤 돈독한 사이로 보이던 그의 회사 동료가 농담 삼아 대답했지만, 어찌 되었든 연예인이라고 무조건 호텔을 가야 하는 것이 아닌 그들은 단지 그들의 여행을 하고 있는 것이었다.

서로의 여행 이야기를 주고받다가 아직 한참 남은 내 여행을, 앞으로 내가 디딜 수많은 여행지를 신나게 떠들자 그는 내게 부럽다고 말하였다. 그 말이 조금 낯간지러우면서도 이내 묘한 여운에 기분이 좋았다.

"그렇지, 나는 누군가가 부럽다고 말할 수 있는
그런 소중한 여행을 하는 중이지."

모두는 마음속에 타인에 대한 수많은 부러움을 품고 살아가지만 그럼에도 놓치고 싶지 않은 것이 내 인생이기에- 어찌 되었든 내 인생을 악착같이 살아가겠노라 다짐했을 때, 우리는 비로소 행복해질 조건을 갖추게 된다. 그의 부유함이 부러웠던 내가, 나의 여행이 부러웠던 그가 그럼에도 불구하고 각자의 인생을 열심히 살아가고 있는 것처럼. 내가 지금 꽤 행복하다고 말할 수 있듯, 아마 그도 그러지 않을까- 라는 생각을 했다.

이상한 나라의 마라케시

지도로 구분하기도 힘든 복잡한 골목
쉴 틈 없이 들러붙는 호객꾼들
까딱하면 당하는 사기
두 번째, 세 번째 부인을 해달라고 질척대는 아저씨들
라면이 간절해지는 물리는 음식

구구절절 떠들자면 입 아픈 이 모든 좋지 않은 이유에도 불구하고 나는 마라케시에 도착하자마자 이 도시를, 아니 어쩌면 모로코의 모든 것을 사랑하게 되겠노라- 확신했다.
정신없는 야시장의 가지튀김을, 세상에서 가장 환한 미소로 나를 반기던 오렌지 주스 가게 아이를, 시끄러운 소리에 둘러싸여 느끼던 그날의 고요함을, 골목골목 채워진 화려하고 반짝이는 모든 것들을.
그곳에서 마주한 모두의 설레던 그 눈빛 하나하나를.

사막에서 시간을 보내는 방법

금성이 지고 해가 뜨면 눈곱만을 간신히 떼어낸 채 아침 식사를 하고, 조금 잠긴 목소리로 사람들과 간밤의 안부를 묻고는 다시 침대로 슬금슬금 기어가 옅은 잠에 빠져요.

점심때가 다 되어서야 비로소 제대로 기지개를 켠 뒤, 사하라사막으로부터 오는 물로 가꿔진 텃밭으로 가요.
나름 큰 고추 서너 개쯤 따와서 이곳의 유일한 국물 요리인 5디르함 짜리 메기 라면에 넣어 끓여 먹어요.

부른 배를 쥐고 테라스에 멍하니 앉아 있다가 동네 한 바퀴 산책을 하고, 동네에 몇 없는 아이들과 시시콜콜한 장난을 치고, 조금 부지런한 날에는 밀린 빨래를 하기도 해요.

오직 바람이 모래를 스치는 소리와 지저귀는 새소리만을
들으며 민트 티를 마시기도 하고, 좋아하는 책을 읽고,
이런저런 생각을 끄적이기도 하다 보면 그 뜨겁던 태양은
붉은 그림자만을 남긴 채 자취를 감춰요.

저녁때가 되면 다 같이 둥글게 모여앉아 저녁 식사를 해요.
그러고 나면 달이 뜨고 어둠이 오고 또 달이 숨고. 그렇게
수많은 별들만이 어둠을 꽉 채우게 되면 약속이라도 한 듯,
모두가 누워 별자리를 헤아려봐요.

요즘 이렇게 지내요.
정말 이래도 되나 싶을 정도로 미래에 대해 걱정도 하지 않고, 내가 한심하다는 쓸모없는 자책도 들지 않고, 안쓰럽던 그때처럼 악착같지도, 치열하지도 않게.

논, 밭을 뒹굴고 별이 빛나는 밤이면 윗집 언니, 동생들과
밤하늘을 보던 어린 시절 그때처럼-
그렇게 지내고 있어요.

Keep strong mind

어쩌다 보니 이 아무것도 없는 사하라사막에서 3주라는 시간을 보내고 말았다. 사실 진작 떠나려고 시도는 했었지만 다른 도시로 가기 위해 다시 들린 마라케시에서 생각지도 못한 인연을 만나게 되었고, 그들로 인해 결국 사하라사막으로 돌아오게 되었다. 그렇게 모로코에 머문 한 달 중 대부분의 날은 사하라사막으로 채워지게 되었다.

그들은 유럽을 여행 중이던 두 친구였다. 애초에 유럽 일주를 계획한 여행에서 내가 SNS에 올린 사하라사막 사진을 우연히 보게 되었고, 유럽에서 저렴하게 올 수 있다는 나의 말에 일정을 바꾸었다고 말했다. 그러니까 이들이 사하라사막에 오게 된 이유엔 내 탓이 꽤 크다는 말이 된다. 그 말에 나름대로 책임감이 느껴져서 메신저로 모로코에 대한 정보를 아낌없이 쏟아주었다.

그게 끝일 줄 알았다. 나는 이제 이곳을 떠날 예정이었고, 그들은 이제 여행을 시작할 계획이었으니….
그사이에 겹친 것이 마라케시에서의 하루였다. 나는 모로코의 에사우이라로 가기 위해, 그들은 사하라사막으로 가기 위해 들린 마라케시에서 우리는 하루 반나절 정도 일정이 겹쳤고, 이것도 인연인데 찻집에 들러 여행 이야기나 주고받자면서 만나게 되었다. 그렇게 그들이 유럽에서 만난 또 다른 인연까지 함께하게 되어 한국인이 흔치 않던 이 마라케시에, 한국인이 잔뜩 생겨버렸다.

잠시 찻집이나 들리자던 것이었는데, 어쩌다 보니 우리는 마라케시를 함께 여행하게 되었다. 나는 애저녁에 둘러본 장소였지만 괜스레 으쓱해져서 자진해서 그들의 가이드로 나섰다. 이상한 언어가 남발하는 이 나라에서 우린, 말이 잘 통하는 것은 당연할뿐더러 어쩐지 마음마저 잘 맞는 듯했다. 그래서인지 두 번째로 마주한 마라케시가 내게 더 새롭게, 더 크게 와닿았으니 말이다. 그만큼 조금 더 긴 시간을 함께하고 싶었지만 각자의 갈 길이 달랐고, 그 아쉬운 마음을 달래고자 마지막 저녁 식사를 함께하게 되었다.
나는 이 저녁 식사를 끝으로 이들과 아쉬운 작별 인사를 하고, 에사우이라로 향하는 밤 버스에 오를 예정이었다.

그렇게 한참 식사를 하고 있는데 어디선가 우릴 향해 "안녕하세요!"라고 외치는 소리가 들려왔다. 우리 말고도 또 다른 한국분이 있나 보다 하고 고개를 돌려보니, 예상과 달리 그곳에는 모로코 소녀가 서 있었다.

한국인을 만나는 것도 흔치 않은 이 나라에서 한국말을 할 줄 아는 현지인을 만나게 된 거다. 그녀는 한국을 좋아하는 마음 하나로 한국어를 공부했다는 소개와 함께, 자신이 좋아하는 나라의 사람을 만나게 된 것이 너무 반가워 인사를 건넸다고 말했다. 그러더니 우리를 자신의 집으로 초대하고 싶다는 것이 아닌가. 갑자기 만나 인사를 하고 갑자기 집으로 초대하는 상황이 어처구니없을 수도 있는데, 이때 우린 어처구니없을 새가 없이 반가움과 들뜬 마음으로 가득 차 있었다. 그 말은 내가 에사우이라로 향하는 버스표를 포기한 채, 그 소녀의 초대에 응했다는 말이 된다.

그렇게 우리는 잊을 수 없는 밤을 각자의 여행에 새기게 되었다. 다음 날 아침, 나는 이제 정말로 떠나겠다면서 버스터미널로 향했고, 유럽에서 온 그들은 사하라사막으로 가기 위해 버스터미널로 향했다. 그런데 우연 같은 일들이 계속해서 일어나는 우리의 우연에 또 우연 같은 일이 하나 더 생기고 말았다. 에사우이라로 가는 버스표가 매진되었다는 것이다.

그렇게 나는 어쩔 수 없다는 명목 아래, 그들과 함께 다시 사하라사막으로 향했다.

어쩌면 이건 내가 애써 부정하던 바람이 이루어진 것일지도 모른다. 사하라사막을 떠나기 싫었지만 그래도 새로운 장소로 향해야 한다는 강박관념에 그곳을 떠났고, 함께하면 즐거운 또 다른 여행자를 만났음에도 어차피 스쳐 지나가는 인연이라 억지로 안녕을 외쳤던 나에게, 그저 마음이 가는 대로 움직이라고 누군가 떠밀기라도 하는 것처럼.

다시 돌아온 나를 사하라 숙소 주인인 알리는 여전히 반갑게 맞아주었고, 질리도록 보았던 밤하늘은 여전히 반짝이고 있었다. 내가 가고자 계획했던 모로코의 다른 도시인 에사우이라나 페스, 셰프샤우엔까지. 그 어느 곳도 가지 못했지만 그래도 여전한 이곳은 나의 아쉬운 마음을 달래기에 넘치도록 충분했다.

아무것도 없는 이 사하라사막이 질리지 않을 수 있었던 이유는 이곳에 무언가 있어서가 아닌, 이곳을 스쳐 지나는 수많은 여행자들 덕분이었다. 각기 다른 길을 밟고, 또 각자의 다른 내음 같은 것을 풍기며 온 여행자들로 인해, 하루하루가 매일 다른 이야기로 채워지고 있었다. 그래서 다시 돌아온, 그러니까 다시 돌아와 그들과 함께하게 된 이곳은 또 다른 사하라사막으로 내게 새겨지고 있었다.

이제는 정말로 떠나야 하는 날이 되었다.
사하라사막을 떠나는 버스를 타기 위해 숙소 문밖을 나서니 주체할 수 없이 눈물이 쏟아져나왔다.
그런 나에게 알리는 말했다.

"Keep strong mind. This is life."

언제 또 이런 밤하늘을 마주할 수 있을지, 언제 또 이렇게 평온한 나날들을 품을 수 있을지 모르겠지만, 언제라도 좋으니 다시 오라는 말을 배낭 속에 꼭 담아두며-
그렇게 나는 꽤 오랜만에 새로운 여행지로 발걸음을 향했다.

정말로, 인도

여행을 떠나기 전, 잠이 오지 않는 새벽. 라디오를 켜니 영화 장화·홍련의 한 대사로 오프닝이 시작되었다.

"세상에서 제일 무서운 게 뭔지 알아?
지워버리고 싶은 게 있는데, 깨끗이 잊어버리고 싶은 게 있는데 그게 지워지지도 않고 평생 따라다니는 거야."

그리고는 DJ가 물었다. 잊고 싶은 기억을 잊지 못하는 것과 기억하고 싶은 기억을 기억하지 못하는 것 중 어느 것이 더 두렵냐는 질문이었다. 대답하고 싶었지만 이내 말문이 막혀버렸다. 꼭 간직하고 싶은 추억도, 제발 지워졌으면 하는 아픈 기억도 모든 것이 다 간절했던 욕심 때문이었다. 이런 나의 마음을 알아챈 건지 DJ는 아픈 기억만 지울 수 있는 방법을 하나 소개해주었다. 그건 바로 카레였다.

강황에 들어 있는 쿠르쿠민이라는 성분이 과거의 안 좋은 기억을 지우고 두려운 기억이 새롭게 저장되는 것을 막아준다는 연구 결과가 있었다는 말을 전하면서….

아픔은 남에게 꺼내 보였을 때 비로소 무감각으로 향해 가지만, 꺼내 보이지 못한다면 시간이 지나면 지날수록 점점 곪아 악취가 나기도 한다. 삶을 살아가는 우리들 누구에게나 아픔은 존재한다. 각자의 친구들, 가족, 연인에게 털어놓으며 위로받는 아픔도 있을 것이고, 감히 꺼내 보인다는 상상조차 하기가 벅차 아마 죽을 때까지 썩고 곪도록 품에 안고 간직할 아픔도 있을 것이다.

나에게도 그런 곪아있는 상처가 있다. 누군가에게 털어놓으면 조금 괜찮아질까 하는 생각에 몇 번이고, 아니 몇십 번이고 입 밖으로 꺼내는 상상을 해보았지만, 상상 속에서조차 그 결과를 감당하기가 벅찼다. 평상시에는 잊고 지내다가도 가끔 꿈에 나와 나를 괴롭히기도 했고, 어쩌다 그 상처가 내 머릿속을 스쳐 지나갈 때면 이내 그 구덩이에 빠져 허우적대기도 했다. 가끔은 기억상실증에 걸리는 상상도 해보았지만, 또 한편으로는 그 아픈 기억을 잊은 채 아무것도 모르는 바보처럼 살아갈 스스로를 생각하자니 온몸에 힘이 다 빠져버리기도 했다.

그저 나는 약간은 희미해졌으면 하는 소망이 있었다.

사라지는 것까진 바라지도 않으니 선명하지 않게 흐릿해져서, 아무리 그 아픔을 생각하고 쥐어 짜내도 별 감흥을 느끼지 못했으면 하는 소망. 아니면 그런 아픔 정도는 아무것도 아닐 만큼 더 크고 빛나는 무언가가 내 몸에 꽉 채워졌으면 하는, 그래서 그 아픔이 디딜 자리가 부족해졌으면 하는 소망.

우연히 중고서점에서 인도여행에 관한 책을 보게 되었다. 그 내용은 기가 막히고 말도 안 되는 이야기들로 가득 차서 마치 여행기가 아닌, 어떤 미지의 세계를 상상하는 소설 같았다. 그러면서도 정말 이 책의 내용처럼 인도가 이런 곳이라면 그냥 어쩐지 인도에 가야 할 것만 같았다. 그곳에 가면 내가 조금은 괜찮아질 것 같았고, 조금은 더 성숙해질 것 같았다. 그렇게 괜찮아지고, 성숙해져서 아픔을 조금이라도 다룰 줄 아는 어른이 되고 싶었다.

게다가 라디오에서 강황의 효능까지 들려오니, 인도에 가서 매일매일 배불리 커리를 먹는 상상만으로도 마음이 꽤 벅차오르고는 했다. 그래서 나는 인도에 간다고 했다.

내가 인도에 간다고 하니 걱정된 내 친구는 인도의 무서운 범죄에 관한 내용이 빼곡히 적힌 글을 보여주기도 했지만, 그럼에도 불구하고 간다고 했다.

나는 "괜찮을 거야!"라고 말하는 어리석은 마음이 아니라,

무슨 일이 생긴다 한들 꼭 가야겠다고 말했다.

인도에 가겠다는 마음을 먹고 꽤 오랜 시간이 지나서야 이곳에 도착했다. *새벽 4시, 델리 공항…*. 고작 비행기에서 내린 것뿐인데 많은 것을 보았다. 공항에서조차 코를 찌르는 매연과 내가 여행 중에 자주 하던 공항 노숙과는 다른, 조금 묘한 기분을 들먹이던 많은 사람의 노숙과 나를 바라보는 진하고 새까만 무서운 눈동자. 그리고 이내 도움을 주겠다는 많은 목소리가 들려왔지만 애써 귀를 닫았다.
인도에 오기 전 델리에 관해 공부한 바로는 본인 스스로가 인터넷에서 찾아낸 정보 말고는 그 어떤 인도사람의 말도 믿지 말라고 했으니. 특히나 공항에서 **빠하르간지**델리의 여행자 거리로 가는 길, 그리고 빠하르간지에서 다른 지역으로 이동하는 그 과정에서 말이다.
마음을 단단히 먹고 왔음에도 불구하고 어두운 새벽, 인도의 공기는 꽤 막막했다. 조금이라도 구석진 곳에 서 있다간 쥐도 새도 모르게 사라질 것만 같은 두려움에, 최대한 공항 한가운데에 서서 핸드폰에 저장해놓은 '공항에서 빠하르간지 가는 법'을 곱씹어보고 있었다. 그때 내 눈앞에 익숙한 배낭 하나가 스쳐 지나갔다.
한국 브랜드의 배낭 가방. 그러니까 지금 내가 메고 있는 가방과 색깔만 다르지 분명 같은 것이었다. 원래는 생각이라는 것을 조금 하고 행동으로 옮기는 편인데, 그땐 무의식이 먼저 그 배낭 가방에 손을 뻗었다. 나보다 키가 작고 차분한 이미지인 그녀가 돌아보았다.
나는 그녀의 얼굴을 보자마자
 "한국인이세요???"
라고 꽤 크게 소리를 지르고 말았다.
그녀는 그렇다고 했고 나에게 인도는 처음이냐 물었다.
인도 사람들은 배낭여행자를 보면 이 사람이 인도에 처음 왔는지, 여러 번 왔는지 단번에 알아보고는 처음 온 사람들만 골라서 사기를 친다고 하던데, 내 얼굴은 인도 사람뿐만이 아니라 모든 사람이 알아챌 정도로 '처음이에요.'라고 쓰여 있었나 보다.
그녀는 내게 빠하르간지로 가지 않냐면서, 자신도 그러하니 따라오라 하였다. 게다가 인도가 3번째인 그녀는 깨끗하진 않지만 그래도 가격 대비 꽤 괜찮은 숙소를 알고 있다며 숙소 예약을 하지 않았으면 그곳을 알려주겠다고 하였다. 나는 무조건 좋다고 할 수밖에 없었다. 신기하게도 그녀의 뒤를 졸졸 따라나서니 그 어떤 사기꾼도 말을 걸지 않았다. 아마 그녀의 얼굴에 써진 '난 다 알고 있으니 허튼수작 부리지 마세요.'를 읽어서겠지?

그녀 덕분에 무사히 빠하르간지에 그리고 아늑한(?) 숙소에 도착한 나는 곰팡이가 피어있는 이불이 깔린 침대 위에 몸을 눕혔다. 인도여행은 델리에 도착해서 빠하르간지 숙소에 무사히 도착하기만 해도 절반 이상은 성공한 거라던데, 그만큼 긴장이 풀린 것인지 더러워서 어떻게 자냐고 생각했던 침대에서 10시간을 훌쩍 넘기고 나서야 깨어났다.
그리고는 곧 외로움이 나를 뒤덮었다. 델리에 오기 전 유럽과 모로코에서 수많은 인연과 함께해서였는지, 더러운 이불 때문인지, 아직 개통하지 않은 내 핸드폰 탓인지, 숙소 창밖으로 들리는 시끄러운 오토바이 경적 때문인지, 이유를 알 수 없는 외로움이었다.
외로움을 걷어내고자 잠이 덜 깬 채 숙소 밖으로 나섰다. 그리고는 빠하르간지에서 맛있다는 라씨도 먹고 한인 식당을 찾아가 내가 좋아하는 떡볶이도 먹어보았다. 하지만 잠시나마 나아질지언정 혼자여서가 아닌 무언가 설명할 수 없는 외로움은 그대로였다.
내게 그토록 간절했던 인도의 첫날은 그렇게 저물어갔다.

매연, 이름도 묻지 못한 그녀, 곰팡이,
오토바이 경적, 라씨, 떡볶이,
그리고 외로움.

사람 냄새가 너무 진해서
코끝을 떠나지 않는다

 김종욱 찾기의 배경이 되어 많은 이에게 로망을 심어준 블루시티, 조드푸르. 파랗고 로맨틱할 줄 알았던 블루시티는 그렇게 파랗지도 그렇게 깨끗하지도 그렇게 로맨틱하지도 않았다. 언덕 밑으로 내려가면 매연은 델리보다 심한 것 같았으며 골목 골목에 악취를 풍기는 쓰레기들은 답도 없었다. 또한 중요한 것은 김종욱이 없다는 것.
그럼에도 나는 이곳에서 생각보다 꽤 긴 시간을 보내고야 말았다. 그 유명하다는 시계탑 근처 오믈렛 집은 보잘것없어 보여도 너무 맛있어서 하루에 3번씩은 사 먹었고, (비록 탈이 제대로 나서 한동안 고생을 하긴 했지만 위생 상태가 별로여서인지, 너무 많이 먹어서인지는 아직도 잘 모르겠다.) 순박한 미소를 지닌 동네 사람들은 툭하면 지나가는 나를 불러세워 짜이를 건넨다.
한번은 조드푸르 시장에서 구매한 사리를 입고 나간 적이 있었는데, 그땐 온 동네 아줌마들이 나를 둘러싸고 옷매무새를 만져주었다. 옷핀 하나를 달고 숙소를 나서도, 돌아오고 나면 옷핀이 네 개가 되어있을 지경이었으니 말이다.
그렇게 영화와는 달리 그다지 예쁘지도 않은 블루시티를 보기보다 이곳의 사람들과 노닥거리며 하루하루를 보냈다.
그러다 10살짜리 여자아이를 만났다. 학교가 끝났는지 책가방을 메고 집으로 가던 그 아이는 나를 힐끔 보더니 내 손을 잡고

"우리 집엔 행복이 있어. 같이 가보지 않을래?"

라고 말했다. 환하고 예쁜 미소와 함께.
집에 행복이 있다는 그 말이 당최 이해가 가질 않아 나도 모르게 그 아이의 손을 잡고 따라가 보았다. 아이를 마중 나와 있던 가족들은 처음 보는 나를 경계하지도 않고 애초에 초대된 손님처럼 반갑게 맞아줄 뿐이었다. 아이는 나의 손을 잡고 집 안 구석구석을 구경시켜주고, 똘망똘망한 눈을 반짝이며 가족들을 소개해주고, 영어를 하지 못하는 아이의 할머니에게 나의 이야기를 통역해주었다. 그 모습이 어찌나 사랑스러웠는지 모른다.
그 후로 나의 조드푸르 여행은 곧 그 아이의 집으로 놀러 가는 것이 되었다. 그들은 딱 봐도 뜯어낼 것이라고는 하나 없어 보이는 내게 많은 것을 베풀었다.

보통은 작은 잔에 마시는 짜이를 나에게만 한 대접 가득 따라 주고, 짜파티를 끊임없이 주던 푸짐한 점심과 달달한 디저트는 물론이고, 나에게는 어울리지 않았지만 그럼에도 잘 어울린다며 건네주던 반짝거리는 립스틱과 인도의 동전, 내 손을 붙들고 알려주던 유쾌한 춤사위와 고사리 같은 손으로 묶어주던 머리칼, 그리고 내 손에 새겨준 귀여운 헤나까지….

끊임없이 나에게 무언가를 해주는 그들에게 아무것도 해줄 수 없는 나는 미안한 마음을 자꾸만 내비치곤 했는데, 그런 나를 눈치챈 그들은 단 한마디로 다독일 뿐이었다.

"No problem!"

그저 우리 집을 찾아온 귀하고 예쁜 네가 고마워서 그렇다는 말과 함께.

조드푸르를 떠나는 마지막 날, 내 뒷모습 끝까지 계속해서 Bye를 외치던 목소리가 아직도 메아리친다. 그 작은 손으로 새겨 준 헤나가 희미해질 즘 나에게 그들도 희미해질까. 아니면 그 헤나가 내 마음 깊은 곳까지 스며들어서는 지워지는 방법을 모른 채, 그렇게 남아있을까.

당신이 생각나는 찰나의 순간에
후에 계속해서 머물고 있는 그 시간에

 당연하게 애틋한 존재가 있었으면 좋겠다고 생각했다. 이름만 들어도, 그 사람의 내음만 맡아도 눈시울이 매워져 눈물이 날 것만 같은 그런 사람. 그리고 흔히들 그런 존재라고 생각하는 사람이 내게는 그렇지 않아서, 그래서 당연하지만은 않은 그런 사람을 나는 그렇게 생각하고 있었다. 그만큼 당신도 흔치 않은 사랑을 내게 베풀었고, 조금은 아팠지만 따스한 손길을 건네주기도 하였다.

그런 당신에게 무언가 해주고 싶어 함께 여행을 간 적이 있었다. 목적지는 당신의 소중한 사람이 있는 머나먼 나라였다. 당신을 위한 여행이라며 당신을 위한 장소에 왔는데, 어쩐지 나는 자꾸만 서운한 감정이 들어서 심술을 부렸더랬다. 나에게 당신이 제일인 만큼 당신에게도 내가 제일이길 바랐나 보다.

그게 아닌 것을, 그러니까 애초에 당신에게 당연한 사람과 나에게 주었던 사랑에는 한 끗이라는 차이가 있다는 것을 알면서도 그래도 직접 마주하니 서운했나 보다. 그래서 자꾸만 이 여행을 후회한다는 못난 소리를 내뱉었었다.
그런데 사실은 한 끗 차이가 있긴 하다만, 그렇기에 모양새는 조금 다르긴 하다만, 크기는 같다는 것을 뒤늦게서야 깨달았다. 여행이 끝나갈 즈음 서운함에 꾹 참던 눈물을 내보이고 말았는데 그 눈물을 안아주던 당신을 보고 나서, 그제야 깨달았다.
그렇게 함께하던 여행이 끝나고 이제는 나 혼자서 조금 긴 여행을 떠나던 그날, 내가 공항으로 가는 버스에 오르고 나서야 남몰래 눈물을 훔치던 당신을 보았다.
못 본 척, 나는 웃으며 창밖으로 손을 흔들었고 당신 또한 내게 그렇게 했다.

그냥 문득, 관심 없던 타국의 사건 사고들을 챙겨보며 쉽게 읽히지도 않았을 나라의 이름들을 외우고선 내가 그곳에 있는지, 혹 가지는 않는지 마음 졸이고 있을 당신 생각이 났다. 생각보다 나는 너무나도 행복한 여행을 진행 중이나 가끔 마음이 너무 어려워질 때면 당신 생각이 났는데, 오늘이 그런 날인가 보다 했다.
따뜻하게 느껴져야 할 사람에게서 여행을 떠난 지 세 달 정도가 지나서야 연락이 왔는데, 불편한 마음이 먼저 새어 나오는 나를 본 어제도 당신 생각이 났다.
겪고 싶지 않던 헤어짐을 마주하고 그리움에 사무치던 지난날에도 당신 생각이 났다.

가끔 당신을 찾아갈 적에 그 품을 비집고 들어가 종알대던 그때의 밤이나, 당연했던 그 시절의 밤으로 돌아가 미운 네 살처럼 툴툴대고 싶었다. 그러고 나면 설명이 잘되지 않는 나를 에워싼 씁쓰름한 공기도 거둬낼 수 있을 것을.

앞니 빠진 릭샤왈라

인도에 와서 처음으로 사이클 릭샤를 타보았다. 예전에 어느 가이드북에서 이용하기에 마음이 힘들더라도 시간적 여유가 있다면, 그들을 위해 오토릭샤보다는 사이클 릭샤를 이용해달라는 문구를 본 적이 있었다. 그 말처럼 정말 뒤에 타 있는 내내 마음이 참 힘들었다.
무거운데 괜찮겠냐는 나의 물음에 그는 앞니가 빠진 이를 훤히 드러내 웃어 보이더니 팔뚝에 힘을 주며 문제없음을 표했다. 분명 지나가는 길에 세워져 있던 차창에 비친 그는 지친 표정으로 이를 악물고 있었는데, 마음을 힘들어하는 나를 눈치챈 모양인지 간간이 뒤를 돌아 환한 미소를 건네곤 했다. 목적지에 도착하기까지 주책맞은 눈물이 자꾸만 새어 나오려는 것을 간신히 삼켜내었다.
릭샤에서 내려 내가 길을 건너가는 내내 환한 미소로 배웅해 주던 그.

그런 그를 담고자 카메라를 꺼내 들었더니, 얼른 다시 페달을 밟고 내가 있는 쪽으로 달려온다.

그 앞니 빠진 환한 미소를 곧이곧대로 안고서는….

바라나시는 그런 곳이라고들 한다

 인도라는 나라가 많이들 그런 나라라고 하지만 바라나시에 도착하고 유독 더 그러했다. 인도 여행 초반에 만난 한 여행자에게 이런 말을 들은 적이 있었다.
 "인도에 있는 여러 도시를 여행하다 보면 자신과 잘 맞는 도시를 만나게 된대요. 그런데 또 그 잘 맞는다는 게, 마냥 좋기만 한 그런 느낌이 아니라 유독 생각이 많아지기도 하고, 마음이 심란하기도 할 거라네요.
 그리고 많은 사람들에게 '그런' 도시가 보통 바라나시라고들 해요."
이 이야기를 들었을 당시에는 별다른 감흥이 없었다. 그땐 인도에 도착한 지 일주일이 채 되지 않았을뿐더러, 더러운 거리와 시끄러운 오토바이 경적에 적응하느라 다른 생각을 할 겨를이 없기도 했다. 그런데 바라나시에 도착하고 나니, 가볍게 들었던 그 여행자의 말이 어쩐지 자꾸만 귓가에

맴돌았다. 아마 많은 사람들처럼 나 또한 바라나시가 그런 도시여서 그럴 것이라, 생각했다. 인도 여행의 마지막 도시여서 그럴 수도 있는 거고 그냥 우연히 내가 생각이 많아지는 시기와 겹친 것일 수도 있는데, 어쨌든 그 당시를 보자면 그렇다는 것이다.

나름대로 좋았던 이유를 설명할 수 있는 인도의 다른 도시와 달리, 딱히 이유가 떠오르는 곳은 아니었다. 이따금씩 무엇인지 설명할 수 없는 감정이 나를 덮치기도 했고 분명한 이유 없이 문득, 내 눈시울을 붉히던 순간들도 허다했다. 밤이 깊고, 이제는 적응된 인도의 퀴퀴한 침대 위에 눕고 나면 이런저런 생각들에 쉽게 잠들지 못한 밤도 여럿이었다. 아마 바라나시가 '죽음을 위해 오는 곳'이라서 그러했을까-

바라나시에서 보트 투어를 운영하는 *철수 씨에게 이른 새벽, 갠지스강에서 보트를 타며 들은 이야기로는 이렇다. 인도 사람들에게는 시바신과 강가신이 공존하는 이 바라나시의 갠지스강에 화장을 하고 난 후, 그 재가 뿌려져야만 무사히 하늘로 올라갈 수 있다는 믿음이 있다고. 그렇기에 바라나시에서 죽게 되는 것을 영광스러운 것이라 여겨, 죽음의 시기가 다가오면 오게 되는 뭐 그런 곳이라고 했다.

죽음은 두려움뿐이라고 생각하던 나에게 영광이라는 단어

*철수 씨 : 바라나시의 한국말이 유창한 인도인 가이드

가 처음에는 의아했으나, 바라나시에 머무는 나의 날이 길어지는 만큼 그 말이 조금은 이해가 되기도 했다. 가끔은 의문을 품기도 했고.

죽음을 위해 오는 곳이라는 말이 그냥 하는 말이 아니라는 걸 보여주려는 듯, 갠지스강 주변에서는 하루에도 몇 번씩 그들의 죽음을 쉽게 마주할 수 있었다. 좁을 골목에 있는 카페에 앉아 커피를 마시고 있다가도, 라씨를 먹고 있다가도 툭하면 장례 행렬을 볼 수 있었고, 강가를 산책하고 있으면 화장하는 모습도 흔히 볼 수 있었다.

어떤 이는 활활 타는 나무 속에 간신히 모습을 내비치고 누워 있기도, 어떤 이는 부족한 불과 나무에 그 굳어있는 모습을 훤히 드러낸 채 누워 있기도 했다. 갠지스강의 화장은 불이 꺼질 때까지 시체가 다 타지 못하면 다시 불을 붙여 태워주는 것이 아니라, 그냥 그걸로 끝이라고 했다. 그래서 가난한 자는 온몸이 가루가 채 되지도 못하고, 무겁게 남아 그대로 갠지스강으로 흘러가게 된다고.

그 말을 들어서인지는 모르겠으나, 무거운 채로 남아 어찌 마음 편히 하늘로 갈 수 있을까 하는 괜한 오지랖이 부려지기도 했고, 죽어서도 가난함을 훤히 드러낸 채 타들어 가는 그가 영광스럽다는 마음을 품을 수 있었을까 하는 쓸데없는 걱정이 들어, 알지도 못하는 그들에게 얄팍한 동정심을 품기도 했다. 어쩌면 죽음은 두려움이 아니라는 그들에겐 누군가는 가난한 죽음이라 말하는 죽음도 영광이었을 텐데 말이다. 그러다 어느 날엔가는 할아버지 생각에 눈물이 났고, 나와는 달리 죽음 앞에 초연한 그들의 눈빛이 이해되지 않아 바라보지 못하기도 여러 번이었고, 그 후에는 그들 비슷하게 초연해진 내 모습이 어색하기도 했다. 그리고는 하루에도 몇 번씩 화장터로 향하는 그들을 보며 문득, 아직은 한참이었으면 싶은 내 죽음을 생각하기도 했다.

나도 이들과 같은 믿음이 있다면, 그래서 죽음의 순간이 다가왔을 때 가야 한다는 그러한 장소에 도착했다면, 죽음에 대한 두려움에 떠는 것이 아닌 이곳에서 죽을 수 있다는 영광스러움에 웃을 수 있을까.
어찌 되었든 맞이할 생의 마지막 순간에 후회 없이 최선을 다했다며, 아니 어쩔 수 없는 후회는 남을지언정 참 어여쁘게도 살아왔다며 옅은 미소를 내뱉을 수 있을까- 하고.

여행을 떠난 지 164일 만에
그리운 내 가족을 만났다

 우리가 처음으로 함께하는 여행이었다. 시골 할머니 집에 고모와 갔을 적에 기분 전환 겸 근처 바닷가로 회를 먹으러 간 적은 몇 번 있었는데, 이렇게 셋이서 다 같이 외박을 하는 것은 처음이었다. 그것도 해외에서.
다낭에 오기 위해서는 거의 4일을 이동해야만 했다. 인도 바라나시에서 콜카타까지 14시간 동안 기차를 타고, 콜카타 공항에서 하룻밤을 지새운 뒤, 국내선을 타고 베트남 호찌민에 도착했고, 호찌민 공항에서 또 하룻밤을 지새운 후에야 나는 다낭에 도착할 수 있었다. 그 탓인지 고모와 할머니보다 이틀 먼저 도착한 나는, 이틀 내내 호스텔 침대에서 나올 수가 없었다. 그리고 드디어 우리가 만나는 날이 되었다. 다낭 공항으로 마중 가는 길은 기분 좋은 긴장감에 온몸이 떨려왔던 것 같다. 입국장에 서서 가족들을 놓칠까, 가만히 자리를 지키고 있었다.

그곳에는 나 말고도 많은 사람들이 누군가를 기다리고 있었다. 팻말을 들고 있는 여행사 직원부터 소중한 누군가를 애타게 기다리는 사람들까지…. 굳이 그들의 사연을 하나하나 듣지 않아도 어쩐지, 모두의 이야기가 긴장되는 내 마음으로 전달되는 기분이었다.

꽤 오랜 시간 동안 떨어져 있었는지 딸의 모습이 보이자마자 눈물을 펑펑 쏟아내던 중년 부부도 있었고, 먼 곳에서 고생했을 아내를 위해 꽃다발을 건네는 남편도 있었고, 한 집안의 가장을 기다리며 서로의 손을 꼭 붙들고 있던 가족들도 있었다. 그들의 눈빛은 하나같이 촉촉했고 슬픈 눈과 달리 입꼬리에는 기분 좋은 미소가 번져있었다. 꼭 모은 두 손은 참 따뜻해 보였으며, 꿋꿋이 서 있는 두 다리는 참으로 듬직해 보였고, 소풍을 떠나는 듯 설렘 가득한 웅성거림도 잔뜩 베여있었다. 입국장은 그런 곳이었다.

한국에서 출발한 비행기가 도착했는지, 한국 사람들이 슬슬 보이기 시작하더니 곧 고모와 할머니가 나왔다. 이렇게 오래 떨어져 있던 것은 처음이었는데, 어찌나 반가웠는지 수많은 사람들은 생각도 하지 않은 채 큰소리로 고모와 할머니를 불렀다.

그리고 그들은 환한 미소로 내게 다가왔다.

가끔씩의 악몽 같은 밤만 아니면 꽤 행복한 어린 시절이었다. 봄이면 할머니 뒤를 따라 고사리며 냉이며 나물을 캐러 다니기도 했고, 동네 아이들과 낮이면 올챙이를 잡으러 다니고, 밤이면 마당에 누워 별을 보았다. 여름이면 땀띠 난 등허리를 기분 좋게 부채질해 주던 할머니의 손길도 있었고, 자전거를 타고 시골의 작은 구멍가게에서 아이스크림을 사 먹기도 하고, 가을이면 집 뒤에 있는 장군산을 생라면 한 봉지 쥐고 오르기도 하였고, 작은 초등학교에서는 동네잔치인지 학교 운동회인지 분간이 안 가는 축제가 열리기도 했다. 겨울이면 아랫목에 붙어 까먹던 귤이나, 아궁이에 구워 먹던 노란 고구마가 있었다.

이런 소소하고도 단내나는 날들이 내 어린 시절을 따스하게 해주었지만, 그렇다고 마냥 그럴 수 있는 노릇도 아니었다. 조금 무섭긴 했지만 그래도 덧니가 보이는 미소는 한없이 따뜻했던 할아버지는 가끔 우리를 어둡고 서늘한 공기 속으로 가두고는 했다. 그 이유에는 술이라는 지독한 존재가 있었고, 그래서 어린 나는 그 술이라는 것이 지독히도 싫었다. 그렇게 지붕 아래가 치가 떨리게 시끄러워질 때면 우리가 할 수 있는 것은 도망치고 숨는 것뿐이었다.

할머니는 뒷산이며, 마을 회관으로 도망쳐 밤새 숨어있고 나와 동생은 이불 속에서 두 눈을 꼭 감고, 이 지독한 밤이 얼른 지나가길 기다리고 말이다.

그러다 어떨 때는 가끔이던 그런 날들이 매일같이 이어질 때가 있었다. 그럴 때면 할머니는 우리의 작은 두 손을 양옆에 잡고 달이 밝은 시골길을 지나 시내에 있는 여관방으로 향했다. 한 시간인지, 두시간인지 잘 기억이 안 나는 그 거리를 걸어서. 그렇게 학교를 며칠씩 가지 못한 적도 있었다. 그래도 나는 알고 있었다. 할아버지의 그 무서운 고함이 마냥 우리가 미워서가 아니라는 것을, 그저 우리가 불쌍하고 또 그 불쌍함에 화가 나서 그러했다는 것을 말이다. 그래서 나는 할아버지가 더는 그 불쌍함에 소리치지 않도록 누구라도 우리의 손을 잡고 데려가 주길 바라고 또 바랐다. 결국 나의 어린 시절이 한참 지나도록 그 간절한 바람은 이루어지지 않았지만.

그래도 그런 밤이 지나고 나면 할아버지가 잠든 새벽에 조용히 돌아와 우리의 아침밥을 차려주던 할머니가 있었고, 주말이면 시골까지 달려와 우리를 달래주던 고모가 있어서 괜찮다고 웃을 수 있었다.

이제는 혼자서도 괜찮을 나이가 되고 나서, 나는 불쑥 긴 여행을 떠나겠다고 나섰다. 그런 내게 아무 이유도 묻지 않고 한없이 응원해주던 고모와 할머니가, 이 긴 여행에서 조금은 외로웠을 나를 위해 베트남까지 찾아와주었다.

가난한 배낭여행자인 나는 고모와 할머니 곁에서만큼은 새하얗고 푹신푹신한 이불을 덮고 자고, 맨날 손으로 빨아 널던 빨래를 서비스도 맡겨보고 천 원, 이천 원에 벌벌 떨며 여행하던 내가, 돈 걱정 없이 먹고 싶은 음식도 마음껏 먹었다. 비록 일부러 바닷가 앞에 숙소를 잡은 우리는 예상치 못한 동남아의 추위에 바다에 발 한번 담그지 못했고, 여름옷만 잔뜩 챙겨온 고모와 할머니는 겨울인 한국에서 입고 온 옷 하나로 여행 내내 단벌 신사였지만.

뭐가 그렇게 신이 났는지 우리는 함께 있는 내내 웃고 떠들기 바빴다. 70대, 40대, 20대 여자 셋이서 10대 소녀들처럼 말이다. 밤이면 나는 그동안의 여행을 떠들었고, 그 많은 이야기를 듣느라 고모와 할머니는 일찍 잠들지 못하였다. 또한 내가 좋은 것들을 많이 보고 느낀 만큼 함께하고 싶은 장소들이 잔뜩 생겨버린 탓에, 여행을 하는 와중에도 우리는 다음 여행을 계획하느라 실컷 들뜨기도 했고.

내가 이 여행을 시작하지 않았다면 마주하지 못했을 이 시간이 고맙고도 소중했다. 마냥 어른인 줄 알았던 당신들의 풋풋한 모습들 하나하나 전부 다 말이다.

우리가 함께하는 다낭 여행이 끝나고 공항으로 함께 향했다. 고모와 할머니는 한국으로, 나는 하노이로 향하는 비행기를 타기 위해서였다.

곁에서 보기에는 국내선과 국제선 타는 곳이 같은 장소로 보여 "안에서 봐!"라며 급하게 각자 출국장으로 들어갔다. 그런데 안으로 들어와 보니 국내선과 국제선 사이에 얇은 벽이 하나 가로막고 있는 게 아닌가.

당황스러움에 서로 벽 하나를 두고 서 있다, 작은 구멍 하나를 발견하고 그 구멍 사이로 눈을 맞추고 바라보았다. 이 꼴이 웃긴다면서 작별 인사를 하고 뒤로 돌아섰는데, 그제야 애써 참고 있던 눈물이 터져 나왔다. 창피한 줄도 모르고 그렇게 출국장 안에서 눈이 붓도록 울어댔다.

오랜만에 함께한 그 따스한 시간의 여운 때문일 수도 있고, 이렇게 벽이 있을 줄 알았으면 들어오기 전에 품에 한 번이라도 안길 걸 하는 미련 때문이기도 했다. 어디 탓할 데가 없으니 우릴 가로막고 있던 그 벽이라도 원망하면서, 그렇게 한참을 울어댔다.

혼자라고 살아오던 지난날에 외롭고도 화가 치밀던 순간이면
나만을 위해 잘 살겠다며 악에 받쳐 소리치고는 했는데,
함께 행복해지고 싶다는 생각이 들었다.
수없이 나를 잡아주던 그 따스한 손을 이제는 내가 꼭 잡고서,
그동안 혼자서만 보고 느낀 꿈같은 장면들을
함께 하고 싶다는 생각도 들었다.

물결이 이는 것은 밤하늘
그리고 별 때문이었다

블라디보스토크에서 모스크바로 가는 시베리아 횡단 열차
에 오르고 세 번째 밤이 내렸다.
몽골 근처를 지나는 탓인지 무엇인지는 모르겠으나
유독 별이 밝았던 밤이었다.
뚜렷하게 그 자리를 빛내던 북두칠성을 중심으로
수많은 별들이 차창 너머로 반짝이고 있었다.

사하라사막에서 3주라는 시간을 보낸 후로
밤하늘을 보는 습관이 생겨버렸다.
별자리를 찾게 되고 달이 지고 차는 것을 가늠해보게 되는.
그리고 그렇게 습관적으로 밤하늘을 볼 때면
그때의 장면들은 자동으로 떠오르고 만다.
이러니 잊으려야 잊을 수 없지 않은가.

어두운 밤이면 나란히 누워,
내 손끝을 따라 움직이던 당신네의 눈동자와
머리맡에 가장 먼저 눈에 띄던 닻별과
우리를 가로지르던 은하수,
가끔씩 떨어지는 별똥별에 내지르던 벅찬 함성과
그 하늘 아래 가득 채웠던 가볍고도 무거운 수많은 이야기.

그저 그날들 또한 하나의 추억이라 담아두면 될 것을
자꾸만 그 이상의 감정으로 마음을 간질거리게 한다.

그 이유에는 아마 밤하늘이라는 배경에
별이라는 주제가 있어서 그런 거겠지.

괜히 솔직해지는 것이 밤하늘이 건만
그때의 시간에는 항상 밤하늘이 존재하였고,
꿈을 꾸게 하는 것이 별이 건만
그때의 솔직한 밤하늘엔 별들이 있었다.
그래서 하필 그곳의 소리가,
그 사람들의 내음이 이렇게도 오래 유난을 떠나 보다.

열차 안의 작은 불빛 때문에 별을 보는 것이 방해된다며
그 불빛을 가리고자 난리 치는 내 모습을 보자니,
우습다가도 문득 궁금해졌다.

당신네도 여적 나처럼 밤하늘에 이렇게 유난인지,
혹 그렇지 않더라도 우연히 올려다본 밤하늘에
그때의 시간으로 젖어 들게 되는지.

그러다 들려오는 그 시간의 소리들에
마음이 움찔하고 마는지.

나는 아직도 이렇게 크고 작은 물결이 일렁이는데
당신들도, 그리고 당신도 그러한지 말이다.

내 생에 가장 지루한 일주일

 애초의 나의 계획은 동남아 여행을 마치고 남미로 넘어갈 예정이었다. 그런데 베트남에서 남미로 가려 하니, 항공권이 백만 원을 훌쩍 넘는 게 아닌가. 그 돈이면 내가 인도에서 두 달 동안 실컷 먹고 놀며 쓴 돈보다도 훨씬 많은 돈이었다. 만 원, 이만 원 아니 천 원, 이천 원도 아쉬운 나의 여행 경비에서 백만 원을 그저 비행기에 앉아있기만 하는데 쓸 수는 없는 노릇이었다. 한참을 고민했다. 어차피 내가 있는 베트남에서 남미까지 가는데 백만 원이 넘는 돈을 써야 한다면, 비행기에서 창밖만 바라보는 것 말고 다른 것을 더 경험할 방법이 있지 않을까 하고.
그러다 인도에서 만난 한 여행자에게 러시아 시베리아 횡단 열차에 대한 이야기를 들었다. 횡단 열차를 이용하면 유럽까지 저렴하게 갈 수 있다는 뭐 그런 이야기. 게다가 유럽에서 남미로 넘어가는 항공권도 저렴했다. 그렇게 구글

지도를 열어 한참을 들여다보니, 내가 베트남에서 남미까지 백만 원으로 많은 것을 경험하며 갈 수 있는 방법을 찾을 수 있었다.

그 당시에 하노이에서 상파울루까지 항공권은 120만 원이었다. 그런데 베트남에서 러시아의 블라디보스토크까지 가는 항공권과 블라디보스토크에서 모스크바로 가는 횡단열차 티켓, 모스크바에서 내가 좋아하는 프라하를 다시 갔다가, 프라하에서 가보고 싶었던 리스본으로 가는 항공권, 또 리스본에서 브라질의 상파울루로 가는 모든 이동 비용과 여행 경비를 생각해보니 그 금액 또한 120만 원 정도가 계산되었다.

누군가는 듣기만 해도 복잡하고 고된 긴 여정보다는 한 번에 남미로 가는 것이 더 나은 선택이라 말할 수도 있겠지만, 여행자인 나에겐 시간을 절약하는 방법보다는 시간을 더 써서라도 하나의 추억을 더 담아내는 방법이 최고의 선택이었다.

추운 것을 싫어하는 탓에 겨울을 피하는 여행 중이었던 나는, 그렇게 예정에도 없던 추운 겨울을 맞이하기 위해 러시아로 향했다. 운이 좋았던 걸까. 하노이에서 블라디보스토크로 가는 가장 저렴한 항공권은 한국을 경유하는 한국 항공사였고, 그 덕분에 17시간을 한국에 경유하며 횡단 열차를 위한 비상식량을 잔뜩 구매했다. 7박 8일 동안 기차 안에서 끼니를 때우기 위한 컵라면 같은 것들.

한겨울의 블라디보스토크는 내가 예상했던 것보다 훨씬 더 차가운 바람이 불고 있었다. 겨울을 꽤 오랫동안 못 느낀 탓인지는 모르겠지만, 공항 밖으로 나서자마자 볼이 찢겨 나갈 것만 같아 두 손을 얼굴에서 뗄 수가 없었다. 그래도 추운 만큼 난방시설 하나는 제대로였던 호스텔에서 따뜻한 하루를 묵고, 다음 날 밤 모스크바로 향하는 횡단 열차에 올랐다.

어디로 가냐는 러시아 사람들의 질문에 모스크바로 간다고 하니 미쳤다는 소리를 한 서너 번은 들으면서 7박 8일의 여정은 시작되었다.

- 1일 차

듣던 대로 핸드폰은 터지지 않았고, 콘센트조차 여유롭지 않아 노트북으로 영화를 볼 수도 없었다. 디지털이 없는 아날로그적 첫날은, 적응이 아직 안 된 탓에 잠자는 것 말고는 할 수 있는 것이 아무것도 없었다.

차장으로 보이는 아주머니에게 러시아 말로 무슨 소리를 들었는데 알아듣지는 못했지만, 화가 나 있다는 것은 분명했다. 아무런 대꾸도 못 하고 멍하니 있는 나에게, 앞 침대에 누워있던 영어를 할 줄 아는 러시아 친구가 내가 침대 시트를 빌리지 않아서 그런 것이라고 말해주었다. 침낭이 있던 나는 한 푼이라도 아끼겠다며 일부러 구매하지 않았었는데…. 이 열차는 침대 시트를 빌리는 것이 일종의 예의 같은 것이라고 했다. 그 말에 쭈뼛쭈뼛 차장실로 가서 침대 시트를 구매하니, 그제야 그녀는 조금 풀어진 얼굴을 내게 보였다. (제대로 알아들은 것인지는 모르겠지만, 일단 침대 시트 구매 후에 그녀의 화가 풀렸다는 것은 확실했다.)

- 2일 차

옆자리에 자리를 잡고 있던 카자흐스탄 가족들이 내게 말을 걸어왔다. 영어는 원, 투, 쓰리조차 하지 못하는 실력이었지만 나도 크게 다른 실력은 아니어서 상관은 없었다.

우리는 각자의 언어로 어찌어찌 많은 이야기를 나눴다.
언어가 통하지 않아도 대화가 될 수 있다는 것을 깨달았다.

 - 3일 차

인도에서 산 실뭉치로 팔찌를 만들기 시작했다.
기차 안에 있는 모든 사람들이 나의 행동에 관심을 보였고, 심지어 동영상과 사진을 찍기도 했다. 카자흐스탄 가족 중 다섯 살 난 남자아이가 있었는데, 아이의 손목에 맞는 작은 팔찌를 하나 만들어주었다. 그랬더니 그 아이는 정말 예쁜 미소를 보이며 내게 안겼다.

 - 4일 차

창밖으로 예쁘게 눈이 내리고 있었다.
기차가 잠시 정차한 틈을 타 꽤 오랫동안 보지 못한 눈을 보기 위해 열려있는 문 앞에 섰다. 차장이 다가오더니 또 뭐라 큰소리를 냈다. 문 앞을 막지 말라고 화를 내는 건가 싶어 돌아봤는데, 반대쪽에서 더 예쁜 풍경을 볼 수 있다며 문을 열어주었다. 이렇게 또 예상치 못한 감동을 받는다.

 - 5일 차

기차에 오르기 전, 잔뜩 사 온 식량이 거의 다 떨어져 가고 있길래 외식을 하겠다며 기차 밖으로 나섰다.
정차 시간은 20분이었고 기차 앞에는 작은 컨테이너로 된 슈퍼가 있었다. 배를 채우겠다고 나왔는데 밥보다 아이스크림에 눈길이 더 갔다. 그렇게 기차 밖에서 춥다고 발을 동동 구르며, 아이스크림을 호호 불어먹었다.

- 6일 차

첫날부터 함께 있던 카자흐스탄 가족들이 기차에서 내리는 날이다. 해도 뜨지 않은 새벽, 떠나는 그들의 뒷모습을 바라보았다. 제대로 씻지를 못해 피부가 뒤집어진 나에게, 연고를 발라주던 아저씨의 모습과 항상 인자한 얼굴로 따뜻한 차 한 잔을 건네던 아줌마의 모습과 매일 아침 눈을 뜨면 예쁜 미소와 함께 내게 오던 아이의 모습이, 그들이 떠나고 나서도 한참이나 내 눈에 아른거렸다.

- 7일 차

얼마 남지 않은 내 식량을 누군가 통째로 들고 가버렸다. 아껴두었던 짜장라면도 있었는데…. 그래도 마지막 날이니 다행이라 위로하며, 얼마 없는 현금을 들고 기차 식당칸으로 향했다. 비싼 가격에 한 번 당황하고, 웬만하면 다 잘 먹는 내가 남길 만큼 맛없는 음식에 두 번 당황했다.

– 8일 차

드디어 기차에서 내려 따사로운 햇살을 맞이했다.
8일 내내 제대로 씻지도 못하고, 딱딱한 침대에서 꽤 오랜 시간을 자느라 온몸이 쑤셨고, 가지고 있던 세 권의 책은 다섯 번씩 볼 정도로 지루한 시간이 넘쳐났고, 컵라면만 먹느라 밥 생각이 절실했던 7박 8일이 드디어 끝이 났다.

5일 차가 되었을 즈음, 다시는 이런 거 함부로 타지 않겠다고 마음 먹었었는데…. 막상 기차에 널브러져 있던 내 짐을 다 챙기고, 그동안 매일 마주쳤던 차장인 그녀와 작별 인사를 하고 나니, 어쩐지 아쉬운 마음을 감출 수가 없었다. 불편한 것투성이였지만 그럼에도 오랜만에 본 창밖의 새하얀 눈은 나를 들뜨게 만들기 충분했고, 이름조차 어려운 말도 안 통하는 사람들과 꽤 많은 마음을 주고받기도 했고, 오들오들 떨며 먹은 아이스크림은 정말 꿀맛이었고, 밤마다 창밖으로 쏟아지는 별은 감동이었으며, 펼쳐진 하얀 마을을 바라보며 가진 고요한 시간은 꽤 많은 여운을 남겼다.

모스크바에 예약한 호스텔에 도착하고 뜨거운 물에 한 시간이 넘도록 샤워를 했다. 일주일 동안 떡이 제대로 진 머리는 한 번 감는 걸로 도저히 해결이 나지 않았다.
샤워를 마치고 기분 좋은 빨랫비누 향이 나는 편한 옷으로 갈아입었다. 그리고 무려 평점 9.5점인 호스텔의 푹신한 침대에 누워 8일 만에 와이파이를 쓰는데, 손이 다 부들부들 떨리기도 했다. 일주일 동안 세상이 어떻게 돌아갔는지 확인하는 데에 꽤 많은 시간이 필요했다.

아마 내 인생에서 가장 지루했을 일주일이 그렇게 끝이 났다. 그러니까 지구의 4분의 1을 기차로 달린 7박 8일이.

> 추신 : 다시 타는 건 정말, 정말 정말 긴 고민을 해봐야 할 것 같지만, 인생에 한 번쯤은 꼭 해볼 만한 경험이었다. 정말 한 번쯤은….

내가 이루고자 하는 일에 만약은 없다

 부에노스아이레스에 머물게 된 지 한 달이 다 되어가는 가는 나의 일상은 꽤 게을렀다. 그날도 숙소에서 한참을 빈둥거리다 늦은 오후, 고소한 라떼를 마시기 위해 카페로 나섰다. 그리고 그곳에서 런던에서 왔다는 여행자 한 명을 만났다. 오늘 아침 숙소에서 만난 친구와 한국에 관한 이야기를 했는데, 이렇게 한국 사람을 만나게 되어 반갑다는 인사를 시작으로 자연스럽게 이름을 묻고 서로의 여행을 물었다. 여행지에서만큼은 처음 만난 누군가에게 이름 다음 묻는 것이 나이나 학력, 직업이 아닌 '어떤 여행'을 하고 있는지가 되니까.
그렇게 나는 지금 8개월째 세계여행 중이라는 이야기를 전했고, 그 말에 그는 과한 감탄을 내보이며 8개월이라는 시간 동안 내가 보고 느낀 수많은 장소를, 스치고 담은 수많은 인연을 부러워했다.

한참을 여행 이야기로 떠들다 그는 내게 꿈에 관해 물어왔다. 한국에 돌아가면 무엇을 하고 싶냐고. 그러니까 뭐 먹고 살려고 그러냐의 문제가 아닌, 이렇게 멋진 여행을 하는 너의 다음 계획이 궁금하다는 질문.

그 물음에 나는 조금은 자신 없는 작은 목소리로 "일단은 글을 쓰고 싶어."라고 내뱉은 뒤, "하지만 잘 모르겠어."라는 말을 서둘러 덧붙였다. 정말 잘 모르겠다는 마음보다는 창피한 마음에 내어놓은 말이었을 거다.

그런데 내 말을 들은 그는 갑자기 단호한 눈빛을 집어 들더니 한가지 해주고 싶은 말이 있다고 했다.

"글을 쓰고 싶어 하고 또한 이렇게 혼자 긴 여행을 하는 모습이 참 대단해. 하지만 이제부터 너의 꿈에 대해 잘 모르겠다는 말은 하지 않았으면 좋겠어.

나이가 좀 더 있는, 그래서 삶에 대한 경험이 조금 더 있는 내가 해줄 수 있는 말은 모든 일에는 잘 모르겠다는 말보다 할 수 있다는 믿음이 더해져야 이루어질 수 있다는 거야. 그러니 앞으로는 '하지만 잘 모르겠어.'라는 말 대신 '난 내 꿈을 꼭 이뤄낼 거야!'라고 말해주었으면 해. 짧은 시간 만났지만, 스스로 돈을 모아 이렇게 멋진 여행을 하는 너는 대단한 사람이라는 게 느껴져.

아마 너를 더 많이 알게 된다면 내가 생각하는 것 이상으로 멋진 사람일 거라 확신해. 그러니 자신감을 좀 더 가져도 좋아. 너의 꿈을 응원할게."

이토록 감사한 응원에 내가 할 수 있는 것은 그저 고맙다는 말과 함께

"당신이 언젠가 한국을 여행하게 된다면, 그래서 서점에 들르게 된다면, 그땐 그곳에 내 책이 놓여있을 거야."

라고 그 응원에 힘입은 당찬 대답을 건네는 것뿐이었다. 그제야 그는 만족한 듯 "당연하지!"라며 웃어 보였다.

자존감도 자신감도 낮았던 나는, 하고 싶은 일을 감히 하며 살 수 있는 사람이 아니라고 생각했던 때가 있었다. 다들 내게 남들보다 부족한 환경인 너는 하고 싶은 것을 하고 살기에는 벅차다고, 그러니 그에 맞는 삶을 갖추고 살아가야 한다며 내 어깨를 짓누르기도 했었다. 지극히도 불공평하다고, 사무치게 억울하다며 반항하고 싶었지만, 마음속에 크게 자리 잡은 '불안함이라는 존재'가 고개를 끄덕이며 수긍하고 있었다.

그렇게 그에 맞는 삶을 어찌 살아야 할까 무기력한 계획을 세우던 중 여행이라는 꿈을 품게 되었고, 결국에는 그 불안함을 간신히 구석으로 내몰아 놓은 채 감히 하고 싶은 것을, 이 여행을 하게 된 거다.

긴 여행을 떠나고 나서 예전에 알고 지내던 인연들로부터 간간이 연락을 받는다. "예전부터 세계 여행이 꿈이라더니…. 그 꿈을 이루고 있구나!"라며 본인이 더 뿌듯한 듯, 마음을 담은 연락들.

그런 연락을 받을 때면 내 마음이 크게 요동치고 있음을 느낀다. 어쩌면 징글징글하게 품고만 있다 곪아버렸을 그 꿈을, 내가 정말 이루고 있었구나- 하는 감사한 마음에.

내가 이루고자 하는 일에 만약은 없다.
하고자 하는 마음을 품은 이상
그에 걸맞은 눈빛을 가진 이상
일단 한다면 하는 거다.

아디오스

첫 카우치 서핑Couch Surfing을 시도했던 바르셀로나. 바르셀로나는 결국 언젠가 이곳에 살겠노라 떠들고 다닐 만큼 사랑하는 도시가 되었지만, 그곳에서 만났던 첫 호스트는 여전히 내 여행의 끔찍한 기억으로 남아있다. 그래서 나는 그 후에 만난 카우치 서핑을 묻는 다른 여행자들에게 변명할 여지조차 주지 않고 카우치 서핑은 감히 시도할 것이 못 된다며 말하고 다녔다. 그렇게 바르셀로나를 떠난 지 5개월이라는 시간이 흘렀다. 그동안 나는 더 많은 나라를 밟고, 스쳐 칠레의 수도인 산티아고에 도착했다. 사실 나에겐 산티아고를 여행하고 싶은 이유는 없었다. 하지만 볼리비아에 가려면 비자가 필요했고, 그 비자를 발급받기 위해선 어쩔 수 없이 산티아고에 발을 디뎌야 했다. 그러던 중 남미에서 만난 한 여행자에게 카우치 서핑을 통해 만난 인연 덕에 좋은 추억을 쌓았다는 이야기를 듣게 되었다.

다 좋은 것은 아니라며 나의 안 좋은 이야기로 반박하고 싶었지만, 그러기엔 그 이야기를 전하는 여행자의 모습이 너무나 행복해 보였다. 그의 이야기를 듣다 보니 다시는 카우치 서핑을 시도하지 않겠다던 내가 간사하게도 다시 앱을 (카우치 서핑은 앱을 통해 이용하면 편리하다.) 다운받을 정도였으니까.

생각해보면 그 못난 인간 하나 때문에 어쩌면 나도 좋은 인연을 만날 수 있는 카우치 서핑을 증오하게 된 게 억울하기도 했다. 오랜만에 카우치 서핑 앱에 접속해, 나의 프로필을 다시 한번 정성스럽게 작성하고, 새로운 일정에 산티아고를 추가했다. 내가 먼저 산티아고에 있는 호스트들에게 연락할 수도 있었지만, 내가 먼저 내민 손에 상처받는 쪽보다, 누군가 내게 내민 손에 상처받는 쪽이 그나마 낫겠다는 생각에 그러지 않았다. 최소한 스스로를 탓하는 것이 아닌 상대방을 탓할 핑계를 얻을 수 있었으니까.

그렇게 산티아고에 있는 누군가의 손길을 기다리고 있는데 그토록 만나기 어렵다는 여자 호스트를, 그것도 더 찾기 힘들다는 가족과 함께 사는 호스트에게서 연락이 왔다.

일본을 여행한 적이 있는 그녀는 그 후로 아시아 문화에 푹 빠졌다는 소개와 함께, 나를 자신의 집으로 꼭 초대하고 싶다는 메시지를 보내왔다.

어쩐지 괜찮을 거라는 확신이 들은 나는 고민할 틈도 없이 '당연히 가고 싶어!'라고 답장을 보냈다.

아르헨티나의 바릴로체에 있던 나는 그녀의 집으로 가기 위해 버스로 22시간을 달려 산티아고에 도착했다. 버스에서 내리니 괜찮다는 나의 만류에도 불구하고, 마중 나온 그녀와 그녀의 엄마가 조금 후줄근한 행색의 나를 맞이했다. 나를 반기는 그들의 미소를 보자마자 나의 괜찮을 거라는 예감이 틀리지 않았다는 것을 확신했다.

나와 동갑인 그녀의 이름은 하비, 그녀의 엄마와 아빠는 내게 이따, 이또라고 불러 달라 하였다. 장난기 가득한 아빠와 한없이 인자한 엄마, 그리고 사랑스러운 딸. 그렇게 나는 내가 가끔 상상하던 화목한 가정 속에 발을 들이게 되었다. 그만큼 집안 가득 차 있던 따스한 공기 때문이었는지는 모르겠으나, 볼리비아 비자를 받자마자 바로 산티아고를 떠나겠다던 나의 계획은 어김없이 틀어지고 말았다.

매일같이 하비는 나를 자신이 좋아하는 식당과 거리로 데려가 주었고, 저녁이면 다 같이 모여 나의 여행 이야기를, 그리고 그들이 산티아고에서 살아가는 이야기를 나누었다. 그 어느 때보다 평범하고, 평범한 만큼 따뜻한 일상을 채워 갔다. 그렇게 나는 맨 처음 계획한 일정을 한참이나 넘기고 나서야 아타카마로 떠나는 버스표를 예약할 수 있었다.

떠나기 전날 저녁, 매일 '이따'가 해주던 저녁밥을 얻어먹은 나는 당신들을 위해 한국 음식을 해주겠다고 나섰다. 매운 것을 잘 먹지 못하는 이들을 위해 마지막 저녁 식사 메뉴는 콜라 찜닭과 계란말이가 되었다.

나의 호언장담에도 선뜻 주방을 떠나지 못하던 '이따'는 찜닭에 콜라를 넣는 나를 보며 경악을 했고, 나는 나만 믿으라며 최대한 당당한 눈빛으로 안심시켰다. 그러면서도 요리하는 내내 이들의 입에 맞을까 하는 걱정 때문에 잔뜩 긴장해있었지만. 다행스럽게도 가족 모두는 밥 한 공기를 싹싹 비워가며 먹어주었고, 어떻게 콜라 맛이 안 날 수가 있냐며 놀라움을 금치 못한 '이따'는 꼬불꼬불한 스페인어로 레시피까지 적어갔다. 내가 떠나고 나서도 이 한국 음식을 요리해 먹겠다며, 그리고 그럴 때마다 나를 추억하겠다는 말과 함께.

다음 날, 저녁 버스로 떠나는 나를 배웅해주기 위해 일을 마친 '이따'는 행여나 늦을까 급히 집으로 돌아왔다. 늦은 시간까지 일이 있던 이또와 하비 대신, 자신이라도 내 마지막을 채워주겠다는 마음이었다. 마중 나왔던 그날처럼 따뜻한 미소와 함께, 온기 가득한 포옹과 내가 버스에 오르고 나서도 버스가 완전히 떠날 때까지 그 자리 그대로 날 바라봐주던 눈빛으로, 그녀는 내게 안녕을 고했다.

이렇게 나는 또 간사하게 최악이라 외치던 카우치 서핑을
무조건 추천한다며 떠들고 다닐 것이 뻔하다.

매일같이 꽉 채우던 당신들과 나의 수많은 이야기를,
서로 격려해주던 우리의 꿈을,
함께 보며 웃던 한국 드라마를,
나를 위한 것이라며 챙겨준 이또의 사탕 한 봉지를,
내 손목에 채워준 파란빛을 품은 팔찌를,
그 눈빛들과 목소리 그리고 미소를,
혹 넘칠세라 마음 한구석에 꾹 눌러 담고 나서야
나도 산티아고에 안녕을 고했다.

아디오스-

우유니 소금사막을
정말로 마주했을 때 우리는

 우유니 소금사막을 처음 알게 된 경로는 일본의 한 여행 프로그램이었다. 그 영상을 처음 봤을 땐 저곳을 가고 싶다는 생각보다는 저런 장소가 존재한다는 사실에 놀랄 뿐이었다. 그만큼 그 당시에는 쉽게 가고자 하는 마음을 품을 수 있는 곳이 아니었으니까. 그랬던 내가 여행을 계획하고 지구 반대편까지 가겠다고 마음을 먹었을 때, 가장 먼저 생각난 곳이 바로 볼리비아의 우유니 소금사막이었다. 소금사막이 간절하게 보고 싶은 마음이었다기보다는 꿈도 꾸지 못했던 장소를 이제는 나도 마음만 먹으면 갈 수 있다는 설렘이나 오기에 그랬을 거다.

 브라질, 아르헨티나 그리고 칠레 아타카마까지 무사히 여행한 나는 덜컹거리는 지프차에 올라 9시간을 달려 우유니에 도착했다. 우유니에 도착하자 전 세계에서 온 여행자들과 우유니에 사는 아이들이 광장에 뒤엉켜있었다.

물가가 비싼 칠레에 있다가 우유니의 저렴한 물가를 체감하자 일단 좋다고, 마음을 냉큼 내어 주었다. 가난한 배낭여행자였던 내게 하루에 만원도 되지 않는 큰 더블 침대가 있는 개인 방과 오백 원, 천 원이면 한 끼를 때울 수 있는 맛있는 길거리 음식이 가득한 이 동네는 소금사막 말고도 나를 이곳에 머물게 하기에 충분한 이유가 되었다.

소금사막 투어 비용도 생각보다 정말 저렴했다. 일본의 여행 프로그램으로 소금사막을 봤을 적엔 오백만 원이 필요할까, 천만 원이 필요할까 하는 막연한 생각을 했었는데…. 이만 원이면 사진으로만 보던 별이 쏟아지는 우유니 소금사막을 볼 수 있었다.

우유니에는 작은 여행사들이 정말 많이 모여있었다. 그 여행사 중에는 이미 한국인들에게 유명한 여행사부터 유명한 가이드도 많았다. 긴 고민 끝에 그냥 느낌이 좋은 여행사에 들어가 소금사막 투어 명단에 내 이름을 적었다. 투어 정원은 7명이었는데 그중 내 이름은 두 번째에 적혔다. 투어 예약을 마치고 숙소로 돌아와 내 뒤에 어떤 여행자의 이름이 적힐지 한참을 궁금해했다. 아무리 멋지고 대단한 장면을 본다 한들, 결국엔 그 순간을 함께하는 누군가의 존재가 그 여행지를 어떤 기억으로 남게 할지 결정하게 되니까. 다음 날, 선셋 투어를 가기 위해 여행사로 향했다.

그곳에는 소금사막 투어를 함께할 사람들이 먼저 도착해 있었다. 오늘 우리에게 소금사막을 보여줄 밀똥과 밀똥의 중간 정도 발음인 이름을 가진 가이드가 우리를 8인승 지프차에 태우고 운전대를 잡았다. 발목까지 물이 찬 소금사막에 도착한 우리는 제일 먼저 여행사에서 준비한 장화로 갈아신었다. 아무 소리도 들리지 않는 광활한 이곳은, 이내 우리의 참방참방하는 발걸음 소리와 신이 나고 들떠있는 목소리로 가득 메워졌다. 뜨거운 햇살과 적당한 구름이 어우러져 있던 파란 하늘이 붉게 물들기 시작하더니, 새하얗던 사막은 금세 어둠을 품기 시작했다. 그리고 어두워질수록 더욱 힘을 내 반짝이는 별들이 가득 채워졌다.

비교적 별을 쉽게 담을 수 있던 내 카메라로 우리 모두가 함께 사진을 찍기 시작했다. 각자의 사진을 서로 찍어주고, 오늘 처음 만나 말도 안 되는 장면을 함께 마주한 우리를 기념하며 단체 사진도 담았다. 지금이 아니면 쉽게 마주할 수 없는 장면을 마주한 우리지만, 누구 하나 혼자만의 욕심을 내는 사람은 없었다. 미리 약속이라도 한 듯, 모두가 처음인 이 순간을 서로 양보하고 배려하며 나눠 가졌다. 그래서인지는 모르겠으나 비싼 렌즈나 장비 같은 건 그 누구도 없었지만, 작은 내 카메라에 찍힌 사진만으로도 오늘 하루는 충분히 멋진 추억으로 각자의 손에 쥐어졌다.

투어가 끝나고 다 같이 처음이자 마지막으로 늦은 저녁 식사를 함께했다. 각자의 여정이 이미 정해져 있던 우리는, 우리의 인연이 오늘뿐이라는 것을 알았기에 그 아쉬움이 낳은 자리였다. 메뉴는 어금니가 아려오도록 질긴 고기였지만, 어쩐지 모두가 오늘의 행복했던 하루를 곱씹느라 질긴 고기는 안중에도 없었던 것 같다. 누구 하나 실패한 저녁 메뉴에 불만을 가진 사람은 없었으니까.

저녁 식사를 마치고 이제는 정말 마지막 인사를 나누는데, 한국인이었던 여행자 한 분이 "잠시만요!"라고 외치더니 근처에 있던 자신의 숙소로 뛰어갔다 오셨다. 그리고는 내게 "오늘 사진 정말 감사했어요."라며 그 귀한 한국 라면 한 봉지를 건네주셨다.

한국에선 별거 아닐지라도 긴 여행에서, 그것도 남미 여행에서 한국 라면을 받는다는 것은 모두에게 자랑거리로 떠들 수 있을 만한 선물이었기에, 라면 한 봉지를 손에 쥔 나는 코끝이 찡해지고 말았다.

우유니 소금사막을 정말로 마주한 우리가,
앞으로 기억할 오늘 하루는
광활한 소금 사막도, 쏟아지는 별도 아닌
여행자라는 이유로
서로의 추억이 예쁘게 담기기를 바라며
배려하고 양보한 우리의 예쁜 마음이 아닐까-
라는 생각을 했다.
그리고 그 예쁜 마음을 가지고 있던 당신들은
아마 오늘이 지나고 다시 시작된 각자의 여행도
참 따뜻하겠다는 생각과 함께.

카네이션을 대신 할 것들을
나 홀로 파도와 함께 새겨봅니다

 남미 여행을 처음 시작했을 때부터 많은 이들이 추천하던 콜롬비아의 작은 섬, 산안드레스. 한국은 따뜻한 5월이 시작되는 날, 조금 쌀쌀했던 보고타를 떠나 뜨거운 햇살이 내리쬐는 산안드레스에 도착했다. 기대했던 만큼, 아니 사실 기대 이상으로 천국 같은 곳이었다.

푸르다 못해 반짝이는 에메랄드빛 바다와 그림처럼 뭉게뭉게 떠다니는 구름, 하나같이 웃고 있는 사람들. 이 모든 것들에 내 마음마저 주체할 수 없이 어딘가로 날아가 버릴 것만 같은- 그런 곳이었다.

혼자였으면 외로울 수도 있었을 이곳을 남미 여행 중간중간 만났던 동생과 함께 오게 되었다. 우리는 살갗이 뻘게져라 물장구를 치고, 발이 새까매지는 줄도 모르고 섬 구석구석을 누비며, 함께 나누는 서로의 이야기는 더 꽉 채워지고 있었다. 그런데 혼자가 아니었음에도, 그래서 외로움이나 공허함 같은 건 느낄 틈이 없었음에도 자꾸만 한국에 있는 내 가족이 생각났다. 나만이 잘 먹고 잘 살겠다며 이기적인 소리를 입에 달고 살았었는데…. 함께했던 베트남 여행 탓인지, 여행을 하며 내가 점점 어려진 것인지는 모르겠지만 품에 대한 그리움이 솟구쳐 나도 모르게 보고 싶다는 말을 툭하면 중얼거리곤 했다. 지나가다 본 아이스크림을 사달라며 조르고 싶었고, 뜨거운 햇볕 아래 혼구녕이 날 정도로 덥다고 징징대고 싶었고, 혼자 여행을 하며 지겹게 해 먹은 파스타를 요리해주고 싶기도, 무엇보다 이 반짝이는 바다에 모두의 발을 담그고 함께 웃고 싶었다.

함께 있던 동생을 아쉬움 가득한 마음으로 떠나보냈다. 그리고 한국은 어버이날이 되었을, 섬에 혼자 남겨진 오후. 한참 동안 바다를 바라보다가 문득, 사랑하는 가족과 함께 떠날 이다음의 여행이 상상되었다. 이다음에는 당신들이 내 덕에 행복한 시간을 얻어왔다고, 여기저기 자랑하고 다녔으면 좋겠다는 생각과 함께.

여행 중 들이닥친 어버이날에 카네이션을 한쪽 가슴에 달아주지 못하는 대신, 함께하겠다는 그렇고 그런 다짐을 파도에 실어 다시금 새겼다. 가끔씩 어려지고 여려지는 내 마음을, 앞으로도 당신들이 오래오래 토닥여 주었으면 하는 철없는 바람도 덩달아 새겼다.

마지막이라는 이름으로

 어느덧 나에겐 마지막 여행지를 정해야 할 때가 왔다. 마지막 여행지는 어느 여행지를 고를 때보다 심혈을 기울였다. 이때까지 대부분의 여행지는 별다른 고민 없이, 그저 순간의 감정이나 운 좋게 발견한 저렴한 비행기 표, 내 호기심을 자극하는 카더라- 에 의해 움직였었는데, 마지막 여행지만큼은 그렇게 정하면 안 될 것만 같았다. 그래서 정리한 나의 조건은 이러했다.

 1. *도시가 아닌 마을이어야 했다.*
   그것도 아주 작은. 마지막은 어딘가를 구경하는 것보다 그동안의 여정을 다시 한번 되새기고 싶은 마음에.

 2. *물가가 저렴해야 했다.*
   그동안 긴 여정을 배낭 하나로 하느라 경비 아끼기에

급급했던 내가 마지막만큼은 저렴한 나라에서 부담 없이 지내고 싶은 마음에.

3. 음식이 맛있어야 했다.
나는 여행에서, 아니 삶에서도 의식주 중에 식이 가장 중요한 사람이었기에 마지막은 정말 맛있는 음식을 실컷 먹으며 행복에 젖고 싶었다.

이 조건에 맞는 여행지가 어디 있을까 고민하던 나는, 여행자들 사이에서 유토피아라고 불리는 빠이에 가기로 했다. 남미 여행을 끝내고 잠시 들른 미국 로스앤젤레스에서 마침 태국으로 향하는 비행기 표가 생각보다 괜찮았고, 태국에서 한국으로 가는 편도 비행기야 늘 저렴했으니까.
게다가 내가 원하는 세 가지 조건을 다 갖춘 완벽한 여행지가 아닐 수 없었다.
그렇게 나는 유토피아, 아니 유토빠이로 향했다.

로스앤젤레스에서 빠이로 가기 위해서는 대만까지 13시간 동안의 비행, 대만에서 10시간 경유 끝에 4시간의 비행으로 방콕, 방콕에서 10시간 동안 야간버스를 타고 치앙마이로, 치앙마이에서 미니버스를 타고 구불구불한 길을 4시간 정도 달리고 나서야 도착할 수 있었다.

듣기만 해도 고단하지만, 이때의 나는 돈은 없고 시간은 많은 배낭여행자였으니 괜찮았다고 치자. 그리고 솔직히 꽤 재밌는 여정이기도 했고.

그렇게 마주한 빠이는 과하지도, 모자라지도 않게 내가 딱 상상하고 그리던 모습 그대로였다. 어린 시절을 보낸 그 시골 마을의 여름처럼 이곳에는 6월의 소리가 가득했다. 초록색 풀냄새를 담은 매미 소리, 계곡물 흐르는 소리, 소나기가 내리는 소리, 아침이라며 지저귀는 새소리.

이런 빠이의 작고 대수롭지 아니해서 울컥하게 만드는 모든 것들이 내 어깨를 쉴 틈 없이 다독여주었다. 그 다독임에는 여태까지 참 잘해왔다는 칭찬도 있었고, 지독히도 외로웠던 그때와 숨이 턱 막혀 우는 것밖에 할 수 없던 그때의 순간에 대한 위로도 있었고, 이제 곧 돌아갈 현실에 조금은 겁에 질린 나를 위한 응원도 있었다.

마지막이라는 아쉬움 대신 마지막이기에 더 행복하라는 듯한 손길로.

그 다독임을 벗 삼아 애초의 목표대로 마음껏 먹고 마음껏 쉬며, 그동안의 여행을 천천히 되짚어 보았다. 그러면서도 마지막 여행지인 이 빠이를 꼬박꼬박 새기기도 했다. 스쿠터를 타고 어딘지도 모를 길을 따라 달리기도 하고, 이제 한국 가면 비싸다고 못 먹을 망고를 잔뜩 사서 한 번에 다 먹기도 하고, 뜨겁고도 푸른 하늘을 가만히 바라보기도, 카페에 앉아 갑자기 쏟아지는 빗소리에 흠뻑 젖기도, 밤이면 들려오는 풀벌레의 노래에 박자를 맞춰보기도 하면서.

언젠가 더부룩한 욕심을 버리고 지금 이곳, 빠이 같은 삶을 살겠노라- 다짐해보기도 하고 말이다.

집으로 가는 길

오늘 한국으로 가는 늦은 밤 비행기를 탔음에도 이런저런 감정들에 단 한숨도 잠들지 못하였어.
창밖으로 보이는 별들에 그동안 내가 담은 수많은 밤하늘을 하나씩 그리느라, 그 새겨진 밤하늘에 추억되는 모든 지난날을 칠하느라 그랬던 거지.
그렇게 하나씩 그리고 칠하다 보니 내 여행에서 대부분의 기억은 사람이라는 것이 문득 고마워졌고.

발걸음을 디뎠던 하나하나의 장소에, 그 공기에, 시간에 스며들어 있는 수많은 인연에 내 여행은 내가 바라던 대로

"사소하고 별거 없이, 그럼에도 참 따뜻했구나-"

라고 자신할 수 있었으니까.

마음만 먹으면 다시 만나 그때 우리의 추억을 곱씹을 수 있는 사람들부터 이름조차 기억나지 않지만, 선명한 사람들과 사무치게 그립지만, 기약 없는 사람들까지.
이렇게 사람 냄새가 가득 밴 모든 사소한 순간이 울컥하게끔 애틋하게 기록된 거야.
사랑받지 못한 사람은 사랑받고 자란 사람을 이기지 못한다는 말에 괜히 마음이 먹먹하고는 했는데,
그럼에도 그동안 충분하고도 과한 사랑을 잔뜩 받아서, 그래서 괜찮다고 스스로를 다독이기도 했어.

여행으로 인한,
사람으로 인한 위로는 큰 효과를 주기도 하니까.

그렇게 밤을 꼴딱 새우고 인천공항에 도착했는데, 그럼에도 꼭 가장 익숙한 곳을 밟은 길 잃은 여행자처럼 피곤함을 느낄 새도 없이 약간 긴장을 했던 것 같아.
한국말로 무언가를 구매하는 것이 조금 어색하다는 기색을 내비치며 버스 티켓을 사고, 그 공항버스를 타고 집으로 향하는 길은 어쩐지 벅찬 기분이기도 했고.
이곳저곳에 '나 지금 한국이야.'라는 메시지를 보내놓고 받은 그들의 환영에 그랬는지도 몰라.

조용한 집에 열쇠를 따고 들어서면서, 휑하니 멀끔한 내 방에 들어서면서, 코끝을 스치는 익숙한 냄새에 '정말 돌아왔구나…'라며 감상 아닌 감상을 했어.

그리고 게으른 내가 웬일로 짐을 후딱 풀어 정리도 했지.

여행이 길어지면서 배낭은 될 수 있으면 풀어놓지 않았던 탓인지 생각보다 쓸모없는 물건이 참 많이 들어있더라.

이걸 어찌 다 정리하지- 하는 막막함에 도로 배낭을 싸고 훅 떠나버리고 싶은 마음이 순간 스쳤으니까.

그러다 발견한 당신들의 흔적이 마음을 간질이기도 했어.

그 흔적들을 다시금 하나하나 살펴보느라 짐을 풀어 정리하는 시간이 한참은 더 걸렸지.

짐 정리를 마치고는 여행하며 가끔 "텔레비전으로 예능 보면서 배달 음식을 시켜 먹고 싶어."라고 떠들었던 것처럼 떡볶이를 시켜 놓고 무한도전을 틀어 보았지.

큰 화면에 선명한 화질로 보이는 무한도전이나, 전화 한 통에 떡볶이를 들고 달려온 배달 아저씨나 여간 익숙하리만큼 낯선 게 아니더라. 그리고 그제야 볼을 세게 꼬집은 듯 실감이 조금 난거지 뭐.

아직은 잘 모르겠어.
뭘 잘 모르겠다고 하는지도 모를 만큼 잘 모르겠어.
습하던 태국과는 달리 선선한 바람이 부는 여름이 배어 있는 듯해서 좋다가도, 수많은 무언가를 바다 건너 저편에 두고 온 것 같아 불안하다가도, 또 새로이 주워 담은 좋아하는 것들에 웃음이 나기도 하는. 그냥 말 하나로 딱 정의할 수 없는 참 단순하면서도 어려운 그런 감정.
그리고 생각만큼 그렇게 슬프지 않은 이유는 나는 다시 또 길을 나설 것이라서, 그때는 더 많은 이야기를 함께할 수 있을 것만 같은 이유 없는 자신감 때문이겠지.
일단 긴 여행이 끝나고 이제는 그저 돈 없는 백수에 불과한 내가 할 수 있는 일은

그동안 보고 싶던 사람들을 만나는 것
눈을 보고 이야기를 나누는 것
내가 배낭 속에 꾸역꾸역 담아 온 보이지 않은 것들로 인한 용기를 꺼내 보이는 것이지 않을까.

여행이 끝나고 난 뒤

긴 여행이 끝난 후의 삶은 그리 크게 달라지지 않았어요. 오랜 친구들도 그대로, 여행할 때 만나 한국에서 다시 만난 인연도 그대로, 항상 나를 응원해주는 고모도 그대로, 끊임없이 먹을 것을 입에 넣어주는 할머니도 그대로. 전부 다 그대로예요. 하지만 그 와중에서 달라진 것을 굳이 말하자면 얘깃거리가 조금 더 많이 생겨버린 것과 조금은 달라진 내 마음가짐이겠죠. 예전 같았으면 "어차피 되지 않을 텐데, 난 너무 부족한데."라며 시도조차 하지 못했을 것들을 그래도 이젠 시도 정도는 하고 있다는 것과 무슨 일이든 실패했을 때의 두려움을 앞서 걱정하던 내가, 잘 안될 수 있다 하더라도 그 과정에서 즐거워하는, 이런 마음가짐들이요.

지금은 시골에 내려와, 어린 시절 그때처럼 할머니를 귀찮게 굴며 지내고 있어요. 어릴 적에 자전거를 타고 마을 회관을 지나 쭉 달리다 보면 엄청난 언덕길이 있었는데, 그 언덕을 몸집만 한 자전거를 힘겹게 끌고 올라가 쌩- 하고 내려오는 기분을 참 좋아라 했었거든요? 오랜만에 그 생각이 나서 녹이 슨 자전거를 끌고 가보니 그 엄청나던 언덕길은 사라지고 없더라고요. 분명 같은 장소인데 내 기억과는 사뭇 다른, 그저 조금 볼록한 정도의 언덕이 존재하였기에 언덕 아래 땅들이 솟은 건가, 누군가 높은 언덕을 깎아버린 건가 한참을 생각했었어요.

그냥 내가 너무 커버린 거였는데 말이에요. 올라가는 중간중간 쉬어가며 간신히 오르던 이곳을 자전거를 타고 한 번에 쌩 올라갈 수 있을 만큼.

지금의 내게도 너무나 커 보이는 이 수많은 언덕이, 훗날 내가 조금 더 큰 어른이 되고 나면 "그때 그 힘겹던 언덕이 이렇게 낮았었나?"라고 말하게 되겠죠? 그러니 자전거를 타고 내려오는 그 순간의 내리막길이 좋아서 막막한 오르막길을 악착같이 오르던 열 살의 나처럼, 지금도 이 무거운 자전거를 꼭 쥐고 올라가 보려고요. 무겁다고 자전거를 놓아버린다면 힘겹게 올라간 언덕에서 행복하게 내려올 수 없을 테니까요.

둘. 낯선 삶 안에서의 모든 순간에게

낯선 삶이, 익숙한 일상이 되기까지 그리 많은 시간은 필요 없었다. 낯선 골목과 낯선 눈빛, 낯선 언어, 낯선 공기는 내가 이 장소를 마음에 든다고 말하는 순간부터 거짓말처럼 익숙한 일상으로 접어들기 시작했다.

우리는 때때로 익숙하다는 핑계 아래 소중한 것을 그저 흘려보내고 만다. 그리고 익숙한 이 일상이 다시 낯설고 먼, 삶으로 변하고 나서야 그 소중했던 것들을 그리워하느라 정신을 못 차린다.

호주로 떠난 이유

긴 여행을 떠나기 전 나는 '이번에 실컷 보고 돌아와서 열심히 일해야지!'라며 마지막 여행일 것이라 다짐했었는데, 그건 여행을 통해 내가 느낄 감정이 무엇인지 몰랐기에 쉽게 할 수 있는 말이었다. 길게 다녀왔으니 이제 여한이 없을 줄 알았던 이 여행은 나도 이렇게 밝고 긍정적이며 '넌 무슨 애가 뭐든 다 좋다 그러냐?'라는 타박을 들을 정도로 행복하다는 말을 쉽게 할 수 있는 사람이라는 것을 깨닫게 해주었다. 그건 나도 모르던 나의 새로운 모습이었다. 그러니까 이 여행은, 거창하진 않더라도 내 삶을 살아가는 데 있어 품고 있던 그동안의 마음가짐을 뒤흔들게 만든 셈이다.

내가 밟고 있는 작은 동그라미 안이 불행의 전부라고 생각했던 나는, 어린 시절부터 차곡차곡 쌓인 자격지심이 점점 커갈수록 질질 새어 나오는 추잡함이 서럽다면서, 괜찮아질 것이라 믿었던 작은 희망마저 앗아버린 세상이 억울하다면서 소용없는 눈물만 흘릴 뿐이었다. 그러다 떠난 거였다. 말이야 꿈을 위해서지 본질은 도망이었던 여행. 그래도 여행이 끝나고 나면 '나를 찾아 떠난다-'는 말처럼 그거 하나는 알고 오겠거니 했는데 여전히 헤매고 있을 뿐이다.
깨달은 것을 굳이 하나 말하자면, 나 혼자만이 행복했을 때보다 나로 인해 누군가가 행복하다고 말했을 때 내가 더욱 행복해진다는 것.

그러니까 행복은 나 혼자 배불리 다 가졌을 때보다 함께 했을 때 빛을 발한다는 당연한 것 말이다.

누군가와 행복을 나눠본 적이, 아니 정확하게는 나눌만한 행복이 없었던 그 어느 때와 달리 여행에서만큼은 아니었다. 맛있는 맛집이나 기분 좋게 하는 간식거리부터 우연히 만난 소중한 인연이나, 말도 안 된다며 소리치게 만든 장면까지. 매 순간 행복하다고 말할 수 있는 것 천지였다.
그러다 보니 곁에 있는 내 소중한 사람들이나 지금은 이름조차 가물거리는 스쳐 지나간 인연에 내가 얻은 행복을 전달하려 애쓰기도 했다. 누가 시킨 것도 아닌데 말이다.

호주로 떠난 이유는 그리 복잡하지 않았다.

여행을 떠나기 전부터 호주 워킹홀리데이에 대한 갈망이 있었는데, 모든 새로운 일에는 항상 두려움이 따르기 마련이라지만 그때 그 두려움은 훨씬 컸다. 백화점에서 일을 하다 돈을 모으기 위해 공장 취직을 알아보면서도 아무것도 잘하는 게 없는 내가 그나마 할 줄 아는 일이 판매업인데, 이것 말고 다른 것도 잘 할 수 있을까- 하는 두려움이 컸던 것처럼. 나에게 호주 워킹홀리데이는 나 같은 게 가서 잘 헤쳐나갈 수 있을 수준이라고 감히 상상도 못 할 존재였다. 하지만 스스로를 겁이 많다고 여기던 내가 큰 배낭을 메고 나 홀로 여행을 떠났고, 그것도 모자라 어디 하나 다치지 않고 무사히 돌아와 보니 그때의 그 두려움은 사실 별것 아니었다는 생각이 들었다. 게다가 호주에서 워킹홀리데이를 이미 마치고 여행 중이었던 누군가의

"인생에 딱 한 번 주어지는 기회를 꼭 늦기 전에
경험해보았으면 좋겠어요."

라며 내게 전하던 그 한마디가 큰 여운을 남겼기에, 두려움을 한 발짝 물러내고 호주로 떠났다.

영화 버킷리스트에서 마음에 와닿는 대사가 있었다.

"인생에서 기쁨을 찾았는가?"
"당신의 인생이 다른 사람들을 기쁘게 해주었는가?"

지난 여행에서 넘치다시피 나 혼자 행복에 겨웠던 만큼,
이다음에는 나로 인해 많은 사람이 행복해질 수 있도록
그래서 조금 이기적이게 내가 더 행복해질 수 있도록
호주에서 두 발짝 더 용기 있는 사람에 가까워지길.
어쩌면 인생에 단 한 번뿐 이기에 더 애틋하고,
두 번 다시 주어지지 않을 기회기에 더 소중한 이 경험이,
한 번 더 내가 살아있음에 안도하는 날들이 되길….

딸기 농장을 가다

얼마 없는 돈을 들고 멜버른에 도착한 친구와 나는 서서히 메말라가는 통장 잔고에 옥수수 농장 일을 구하게 되었다. 조건이 너무 좋다며 역시 우리는 운이 좋아! 라고 떠들던 찰나, 할머니가 내게 항상 해준 "말처럼 쉬우면 그게 인생이냐."라는 조언처럼 일 시작도 전에 일자리를 잃고 말았다. 그러다 호주 캔버라에서 워홀 중이던 슬기에게 태즈메이니아로 딸기를 따러 간다는 연락을 받았다.

슬기는 세계여행 중 한식이 고파 찾아갔던 프라하의 한인 민박집에서 만난 동생이었다. 혼자 여행 중이던 우리는 양이 많다는 꼴레뇨가 먹고 싶어 말을 트게 되었는데, 그 당시에 "유럽 여행이 끝나면 호주로 워킹홀리데이를 갈 거예요!"라던 슬기는 정말로 내가 한참 여행을 하고 있을 때 호주에 먼저 왔다고 했다. 슬기와는 1년을 넘게 연락도 안 하다가 워킹홀리데이를 핑계로 내가 먼저 연락을 하게 되었다. 호주에 오기 전 이런저런 얘기를 주고받았고, 호주가 워낙 큰 나라인 걸 알았던 우리는 선뜻 호주에서 만나자는 빈말은 하지 않은 채, 나는 슬기의 한참인 워홀 생활을, 슬기는 이제 시작할 나의 워홀 생활을 응원해 주며 대화를 마무리 지었었다.

그렇게 호주에 도착하고 나서 일자리와 관련해 슬기와 다시 연락을 주고받게 되었고, 세컨드 비자를 이미 진행 중임에도 농장 생활을 하고 싶어 딸기를 따러 간다는 말에 (보통 농장은 세컨드 비자를 취득하기 위해 간다.) 마침 일자리를 잃은 나는 그곳은 어떠냐고 묻게 되었다. 일은 아직 모르겠지만 농장 매니저 말로는 못 해도 주에 800불에서 900불은 번다고 했단다. 그 말에 친구와 나는 돈도 없이 불안해하며 여기에 있는 것보다는 1년 만에 연락한 여행 중 우연히 만났던 인연의 말을 듣는 것이 더 나을 거라는 판단에 태즈메이니아로 향했다.

큼지막한 유럽식 건물들이 잔뜩이었던 멜버른과 다르게 우리가 도착한 태즈메이니아는, 그것도 태즈메이니아의 작은 도시 론세스톤Launceston은 정말 별거 없는 시골 마을이었다. 공항에 마중 나온 농장 매니저의 차를 타고 숙소로 가는 길은 한없이 파란 하늘과 끝없이 펼쳐진 들판이 있을 뿐이었다. 그렇게 한 백패커스에 도착했다.

1층에는 동네 반상회가 열릴 것만 같은 작은 펍이 하나 있었고, 건물 옆에는 IGA호주 마트의 한 종류말고는 아무것도 없었다. 아직 백패커스 사람들은 농장에서 일하는 중이어서인지 아무도 없는 거실과 우리가 묵을 방을 둘러보았다. 열 평도 안 되어 보이는 거실과 주방은 서른 명 정도가 사용한다고 했고, 내가 한국에서 살았던 원룸보다 작은 방에는 2층 침대 3개와 문이 투명으로 된 작은 샤워실이 있었다. 농장 매니저는 이 방에서 6명이 지내게 될 거라고 했다. 워낙 호주 농장의 *닭장 쉐어라는 주제의 악명 높은 후기를 많이 봐서인지 방은 생각보다 아늑했고, 바삭거리는 포근함이 묻어있는 향이 꽤 좋은 이불은 공항에서 밤을 지새우고 도착한 우리를 금세 잠들게 했다.

그렇게 낮잠을 자고 일어나니, 농장 일이 끝난 백패커스 사람들이 몰려왔다. 한국인들은 브리즈번으로 많이 가는 것처럼 태즈메이니아에는 대만 사람들이 많다고 했다. 그래서 그런지 농장 워커 중 90%가 대만, 홍콩 친구들이었다. 그리고 1년 하고도 4개월 만에 슬기를 다시 만났다. 여행자로 만났던 프라하가 아닌 이번엔 워홀러로서 호주에서.

어색한 인사를 나누고, 딸기 따는 법(?)에 대한 강의를 듣다 보니 우리 방에 새로운 한국인 여자 두 명이 더 도착했다. 경상도 억양이 잔뜩 묻어있던 그들은 꽤 많은 짐을 가

*닭장 쉐어 : 2인실 방에 그 이상의 인원을
어거지로 묵게 하는 쉐어하우스

지고 있던 탓인지, 한없이 작은 우리의 방을 보며 한숨 쉬기 바빠 보이는 듯했다.

이렇게 우리 방은 대만과 홍콩 워홀러들이 대부분인 론세스톤에서 몇 없는 한국인이 똘똘 뭉쳐 복작거리며 살게 되었다. 이때까지만 해도 우린 몰랐다. 서로의 호주가 우리들로 가득 차게 될 줄은, 이 작은 마을에서 일어난 사소한 일들을 1년이 지나고, 2년이 지나서도 수없이 떠들며 웃고 그리워하게 될 줄은.

나의 호주는 이렇게 딸기농장으로 시작되었다.

별이 빛나는 밤은 항상 옳다

밤 9시는 넘어야 해가 지는 이곳에서 새벽 5시 출근을 위해 매일같이 해가 지기 전에 잠이 들다가, 처음으로 어두운 밤하늘을 마주했다. 어두운 만큼 더욱 빛을 발하는 별을 한가득 품고 있던. 차를 끌고 불빛 하나 없는 도로에 도착한 우리는, 벅찬 마음을 감추지 못하고 행복하다 쉼 없이 외쳤다. 바보 같은 내 친구는 별이 가득 찬 밤하늘에 눈물을 터트렸고.
혼자 여행을 했을 때, 수많은 순간에 소중한 사람들이 생각났지만, 그중에서도 가장 간절했던 순간은 반짝이는 별들이 셀 수 없이 펼쳐져 있는 밤하늘을 바라볼 때였다.
모로코 하실라비드에 도착했을 때 쏟아질 것만 같은 별들을 꼭 붙들고 있는 듯했던 밤하늘에 입을 벌리고 있는지도 모른 채 내뱉던 감탄, 그리고 흘러나온 이적의 'Rain', 수평선 끝까지 펼쳐진 은하수에 말도 안 된다며 수없이 외쳤던 우유니 소금사막의 밤, 우연히 만난 여행자의 안내로 한 치 앞도 잘 보이지 않던 골목길을 지나 마주한 숲속의 밤하늘. 그리고 그 모든 밤에 함께였던 사람들, 그들과 그 하늘 아래 시답잖은 듯 나누었던 대화, 아무 소리도 들리지 않는 밤하늘에 어이없게 눈물이 났던, 괜스레 두근거리던, 마냥 해맑은 웃음이 터져 나오기도 했던 순간.

그럴 때면 한국에 있는 사랑하는 가족이, 친구들이, 소중한 사람들 모두가 사무치게 그리웠다. 나만 보는 이 아름다운 장면이 억울하기도, 미안하기도 해서 그랬나.

그리고 언젠가는 이렇게 숨 막히게 아름다운 장면을 당신들과 꼭 함께하겠다고, 누구의 것인지도 모를 손가락에 내 새끼손가락을 걸어 약속했었는데 말이다.

그때 그립던 나의 오랜 친구 중 한 사람과 함께 바라보는 딸기농장에서의 밤하늘은 그날의 미안함을 달래기에 충분할 정도로, 약속을 지켰다는 후련함에 벅찰 정도로 아주 많이 반짝이고 있었다.

이렇게 또 잊지 못할 밤하늘이 새겨져 버리고 말았다.

힘들다고 욕하면서도 떠나지 못할 이유를 건네는 딸기 농장이 너무나도 얄미운 밤이다.
떨어지는 별똥별에 나지막이 중얼거린 것처럼,

"지금을 잊지 않고 행복하게 해주세요."
  (탑 피커도 되게 해주시고…)

잘 살고 싶다는 마음을 품었다는 건,
행복해질 준비가 되었다는 것

 백수 생활을 접고 도착한 론세스톤은 하늘이 참 낮고, 구름이 예쁘다. 첫날 '재밌는데?'라며 시간 가는 줄 모르고 따던 딸기는 점점 지겹다고 느낄 정도로 이 생활에 적응이 되기도 했다. 그러다 맞이하는 꿀 같은 휴무와 다 같이 모여 시답잖은 농담에 웃으며 먹는 밥이나, 유독 밝은 별과 달 아래 마시는 맥주는 별거 없는 농장 생활이 즐겁다고 말하기에 충분한 이유가 되었다.
유독 일이 힘들었던 날에는 이보다 더 힘들었을 농사일을 하며 날 키운 할머니 생각에 울컥하기도 하고, 고모에게 전화해서 딸기 잘 딴다고 칭찬받았다며 자랑하기도 하고, 비에 쫄딱 젖어 덜덜 떨면서 일한 오늘 같은 날에는 할머니에게 전화해 칭얼대기도 하고, 어쩜 좋을까- 라고 안타까워하는 다독임에 또 괜한 걱정을 건네었나 하는 후회를 잠시 하기도 했지만, 결국에는 그 다독임에 추웠던 몸이 녹아내리기도 했다.

호주로 떠나기 전날,
여행을 떠나기 전과는 달리 울지 않고 덤덤하게 마지막 인사를 건네는 할머니를 보면서 괜히 서운한 마음이 들어서는, 고모에게 장난 섞인 투정을 부렸었다.
 "할머니 이제 울지도 않네?"
하고. 그리고 그 말에 고모는
 "잘하고 돌아올 걸 아니까 그렇지."
라고 무심한 듯 대답해 주었다.
그 한마디에 무게가 짙은 응원이 담겨있다는 것을 알기에 정말로 잘- 하고 돌아가야겠다.
 "나 정말 내 인생에서 찬란한 추억이 또 생겨버렸어!"
라며 두 눈을 반짝이며 실컷 떠들 수 있도록.

잘 먹고 잘 사는 법

여행을 할 때 내게 가장 중요한 것은 먹는 것이었다.
여행지에 도착해서 가장 먼저 하는 일이 그곳에서 내가 오래오래 기억할 맛집 찾기였을 만큼.
그렇게 그런 맛집을 찾게 되면 새롭게 만난 누군가를 데려가고, 그들이 행복해하는 모습에 괜히 뿌듯하고.
또 그들은 어느 여행자가 알려준 곳인데 기가 막히게 맛있다며 그다음에 다른 누군가를 데려가고.

호주에 와서 삶을 꾸려나가면서도 가장 중요한 것은 먹는 것이었다. 농장에서 지낼 땐 오늘은 뭘 해 먹을까가 가장 중요한 일과였고, 공장에서는 내일의 도시락 메뉴는 뭐가 좋을까가 최대 고민이었고, 시티 생활을 하면서는 일이 끝난 후 마트를 구경하는 것이 하루의 마무리였다.

먹는다는 건 참 그렇다.
혼자 먹을 때엔 사랑하는 사람들이 생각나서 따뜻하고,
함께 먹을 때엔 마주 앉아 들리는
'맛있다!' 소리가 따뜻하고.

잘 먹는다는 건, 그만큼 잘 살고 있다는 것.
생각날 사람이 아주 많고,
가까이든 멀리서든 함께하는 이들도 많다는 것.
그러니까 단순하게는 지금 꽤 행복하게 잘 살고 있다는 것.

모든 일에는 그에 맞는 이유가 있다

 세컨 비자는 호주에서 신청하게 되면 퍼스트 비자의 마지막 날이 끝나고 자동으로 이어지게 되고, 호주가 아닌 제2의 국가에서 신청하게 되면 호주에 다시 입국한 순간부터 새롭게 비자가 시작된다. 애초에 8개월 정도를 생각하고 호주에 왔지만 어쩌다 보니 나는 당연히 세컨 비자까지 꽉 채우고 떠나겠다고 계획하게 되었다. 아니, 세컨 비자를 시작하기도 전부터 세컨 비자밖에 안 남았다는 사실이 아쉬울 지경이었다.
퍼스트 비자가 끝나는 12월 말, 나는 세컨 비자를 시작하기에 앞서 2, 3주 정도 한국에 들를 예정이었다. 그래서 세컨 비자를 호주에서 신청하게 되면 한국에 가 있는 동안 비자를 낭비하는 것이라 생각하였기에, 퍼스트 비자가 끝나고 한국에 도착해서 비자를 신청하게 되었다. 시작도 하지 않은 남은 1년이 아쉬운 와중에 2, 3주를 그냥 통으로 날려버릴 수는 없는 노릇이었다. 물론 이 판단은 세컨 비자 승인이 일주일이면 될 것이라는 자만에서 나온 것이었지만.

당연히 길어야 일주일이면 나올 줄 알았던 비자는 다음 주에는 나오겠지…. 하던 내 예상과 달리 어느덧 한 달을 훌쩍 넘기고 말았다. 불안해지기 시작했다. 2월 전에는 당연히 호주에 있을 줄 알았던 내가 할머니 집 아랫목에서 온종일 이메일을 확인하며 전전긍긍하고 있었으니….

그렇게 계획과는 달리 무기력하게 하루하루를 보내던 중, 이대로는 도저히 버틸 수가 없어 '곧 나올 거야!'라는 믿음 하나 품고 발리로 향하는 비행기에 올랐다.

한국에서 호주로 가는 길은 발리를 거치면 조금 더 싸게 갈 수 있었다. 그래서 원래 비자 승인을 받으면 발리를 여행 중이던 슬기를 만날 겸 잠깐 경유할 계획이었으니, 미리 가 있는다고 해서 별문제는 없으리라 생각했다. 이 또한 비자가 금방 나올 것이라는 자만으로부터 나온 생각이라는 게 문제였지만 말이다. 어차피 발리에 가기로 한 거, 한국에서 마음 졸이고 있을 바에야 발리에서 마음 졸이는 편이 낫겠다는 합리화도 있었다. 하지만 비행기에 오른 그 순간부터 불안함은 배가 되고 말았다.

이렇게 발리에 갔는데 혹시라도 비자가 나오지 않는다면? 그래서 발리 여행 경비도 똑 떨어져 허무하게 한국으로 돌아가야 한다면? 과 같은 질문이 쉴 새 없이 머릿속에서 뛰어다니기 시작했다.

이제 막 긴 여행을 시작한 슬기와 언제 승인 날지 모르는 비자를 기다리는 내가 만나 함께하는 여행은 궁상도 그런 궁상이 없었다. 빵 하나를 사 먹고 싶어도 마트를 30분 동안 빙빙 돌며 고민을 해야 했고, 저녁은 한국에서 챙겨온 라면으로 때우기 일쑤였다. 뭐 그러면서도 스쿠터는 각자 타는 게 제맛이라며 두 대나 빌리고, 망고스틴은 매일같이 손톱 밑이 벌게지도록 먹긴 했지만.

우리가 함께하는 이 여행은 사소한 것들로 가득 채워지고 있었다. 느지막이 눈을 뜨고 우리가 좋아하는 단골 식당에서 좋아하는 반찬을 잔뜩 담아 밥을 먹고, 지도는 잠시 넣어둔 채 발길이 닿는 곳으로 스쿠터를 타고 달려보기도 하고, 해가 지는 하늘을 멍하니 서서 바라보기도 하였다.

그런 하루가 끝나고 침대에 누워서 푸른 새벽이 오는 줄도 모른 채 수다를 떨다 잠들기도 하고. 언제 승인 날지 모르는 비자에 문득문득 초조하긴 했지만, 그래도 썩 나쁘지만은 않았다.

그렇게 불안하면서도 즐거운 여행을 즐기던 찰나, 이상하게 오로지 행복한 순간이 있었다. 함께 있던 슬기는 이렇게 행복하다는 말을 쉽게 해도 될까? 라고 물을 만큼.

좋으면서도 불안했던 며칠과는 달리, 말도 안 되게 아름다운 순간이 펼쳐지면서 사랑하는 사람들이 잔뜩 생각나고 괜히 내일부터 다 잘될 것만 같았던 순간.
그 순간이 발리에 도착한 지 일주일이 된 날의 노을이었고, 다음날 우붓으로 향하는 길에 들른 예쁜 레스토랑에서 거짓말처럼 비자 승인 메일을 받았다.

마음이 벅찼던 노을, 비를 잔뜩 맞으면서도 서로 깔깔대며 타던 스쿠터, 뜨거운 햇볕에 온몸이 타들어 가는 줄도 모르고 달리던 우붓 가는 길, 천원 이천 원에 행복해하던 시간들, 따뜻한 미소로 우리를 반겨주었던 짱구 주민들, 한 번 더 새긴 인연의 소중함.
이렇게 비자가 늦게 승인 났기에 생긴 예쁜 추억들에 정말로 이때까지 그래왔던 것처럼 불안하고 두려운 마음은 내가 불행해지려는 것이 아닌, 지금보다 더 행복해지려고 그런 거였다고-
조금은 약해졌을 마음을 조심스레 달래주었다.

또 다른 시작을 맞이한다는 건

마음 졸이며 기다린 세컨 비자 승인을 드디어 받고, 발리에서 호주로 무사히 도착했다. 2월의 호주는 아직 한참인 여름에 뜨거운 공기가 가득 차 있었다. 일 년을 살면서 점점 늘어난 살림살이를 끌고 새 보금자리를 찾아 나서는 동안 온몸이 땀에 젖을 정도였으니 말이다.

무언가를 끝내고 다시 시작하는 기분은 마냥 개운하기만 한 건 아니다. 호주도 그리고 새롭게 가다듬어질 나의 마음가짐도 그랬다. 애써 더 좋은 날들이 펼쳐질 거라 스스로를 위로하며 또 다른 시작을 응원했지만, 한편으로는 지난날에 대한 아쉬움에 마음 한구석이 눅눅하기도 했다.

퍼스트 비자가 끝나고 잠시 한국에 갔을 때, 딸기 농장에서 썼던 일기를 보게 되었다. 그때의 나는 마냥 행복했었는지, 삐뚤빼뚤한 글씨에서조차 설렘이 잔뜩 묻어나 있었다. 그 설렘은 앞으로 펼쳐질 호주 생활에 대한 기대, 그 기대만큼 단단하게 다진 목표로 이어졌다. 하지만 시간이 지날수록 그때의 감정과는 사뭇 다른 마음가짐으로 살아가고 있었다. 어차피 1년을 더 있기로 마음먹은 탓에 생긴 나태함 때문인지, 여행이 아닌 먹고 살아가는 호주에서 그 마음가짐을 1년 내내 유지하기엔 조금 버거웠던 탓인지는 모르겠지만. 퍼스트 비자가 끝날 즈음엔 하루하루를 담아내는 게 아닌 어딘가로 낭비하는 듯한 기분을 감출 수가 없었다.
좋은 사람들만이 가득했던 전과는 달리 나를 조금 힘들게 하는 사람이 곁에 있었다는 핑계도 대보고, 계획대로 되지 않는 상황에 지쳤다는 핑계도 대보았지만, 결론은 그저 내가 나의 행복을 일 순위로 두지 못한 것이 이유였다. 그리고 모든 아름다운 순간은 지나고 나서야 더욱 빛을 발한다는 안타까운 순리처럼, 비자가 끝나고 나서야 내가 이런저런 핑계를 대며 마음에 담지 못한 아름다운 순간들이 사무치게 그리워졌다.

감정의 끝과 끝 사이를 끄집어내는 호주에서, 발아래 깔린 감정을 끌어올리는 방법은 그저 조금 지친 오늘이 지나고 다가올 내일을 기대하는 것뿐이었다.

"내일은 가보고 싶던 예쁜 카페에 가볼 거야."
"이 일이 끝나면 내가 좋아하는 장소로 떠날 거야."
"호주 생활이 끝나고 한국에 돌아가면 보고 싶던 사람들과 맛있는 걸 먹을 거야."와 같은.
그러다 보면 기대가 되는 내일을 위해 오늘 하루에 조금 더 애를 쓰게 되고, 그 애쓴 마음이 쌓이고, 쌓이다 애틋해져서 별거 없는 나날이 소중해지기도 하니까.

그러니까 또 다른 시작을 맞이하며,
앞으로 남은 나의 호주는 애틋함을 담아 최선을 다해 하루하루를 살겠노라- 몇 번이고 되새겼다.

지겨움 속에서 즐거움 찾기

 브리즈번 시티 생활을 한 지 얼마 되지 않았을 때, 걸어서 출퇴근을 한 적이 있었다. 그때 그 출근길에는 이른 아침에도 카페에 앉아 아침을 즐기는 많은 사람들이 있었는데, 그들을 보며 나도 언젠가는 저렇게 호주의 아침을 즐겨보고 싶다고 생각을 했었다. 아침에 일어나는 게 세상에서 제일 고역인 나에게는 감히 상상도 못 할 일이긴 했지만…. 그러다가 마음을 먹은 계기는 사소했다. 나의 근무 스케줄은 평일엔 아침부터 밤까지 꽉 채워 일하고, 토요일은 점심때가 지나면 퇴근을 하고, 일요일은 휴무였다. 커피를 좋아하는 나는 토요일 저녁이면 다음날 가고 싶은 카페를 찾아보는데, 마음에 드는 카페는 죄다 일요일에 문을 닫는 게 아닌가. 브리즈번에 있는 대부분의 카페가 그랬다. 이곳은 보통 평일엔 이른 아침 문을 열어 오후 2, 3시면 마감을 했고, 주말은 대부분의 카페가 아예 영업조차 하지 않았다.

심지어 주 4일만 여는 카페도 꽤 있었다. 한국은 웬만하면 주 7일 문을 여는 것이 당연하고, 휴일이 있다 한들 보통 주말은 해당 사항이 아니었기에 조금 당황스러웠다.
왜 이런 것인지에 대해 나름 혼자서 결론을 내보았다.
한국에서는 보통 식사를 하고 못다 한 이야기를 나누기 위해서, 혹은 지인을 만나기 위해서, 쉬는 날 조용히 나만의 시간을 가지려고 카페를 찾는다면 호주는 커피로 하루를 시작하는 게 기본은 물론이겠거니와 식사 후가 아닌, 식사 전에 커피를 마시며 느긋하게 음식이 나오기를 기다리는 것이 그들의 문화였다. 그리고 초록 초록한 공원이 많은 호주를 살아가는 대부분의 사람들은 주말에는 카페에 앉아 커피를 마시는 것보다 공원에서 바비큐나 피크닉을 즐기는 것을 더 좋아하는 듯했다. 아마도 이러한 이유로 내가 일요일에 갈 수 있는 카페가 한정적일 것이라 판단했다.
대신 커피가 일상인 그들이 살아가는 이곳은 평일이면 이른 아침 6시, 늦어도 7시에 대부분의 카페가 문을 열었다. 그 덕분에 쉬는 날 가고 싶은 카페에 가지 못한다면 출근 전에라도 가야겠다고 마음을 먹게 된 것이다.
그렇게 잠들기 전, 내일 아침 가고 싶은 카페를 정해놓고 나니, 아침마다 간신히 일어나 늦지 않기 위해 허둥지둥 출근 하던 내가 저절로 일찍 눈이 떠졌다.

7시도 안 된 시간이라 나밖에 없을 거란 생각은 착각에 불과했다. 오픈 10분 전에 도착한 카페 앞에는 나 말고도 꽤 많은 사람들이 커피 향이 새어 나오길 기다리고 있었다. 그들 사이에 섞여 있는 내 모습이 썩 마음에 들었던 것 같다. 졸린 눈으로 출근하고 퇴근 후엔 침대에 쓰러지기 바빴던 나의 하루에 상쾌한 새벽공기를 머금은 채 마시는 따뜻한 커피가 스며든다는 건 꽤 낭만적인 일이기도 했고.

호주 사람들의 평일을 엿보고 나니 문득, 그들의 일요일이 궁금해졌고 쉬는 날이면 점심때가 지나도록 잠자는 데에 하루를 쓰던 내가, 그들처럼 아침 일찍 일어나 공원과 주말마켓들을 돌아다녀 보기 시작했다. 호주의 일요일은 그 특유의 무언가가 공기를 가득 에워싸고 있었다. 따스한 햇볕과 적당한 구름, 파란 하늘과 푸릇푸릇한 잔디, 코끝을 찌르는 달큰한 빵 냄새와 고소한 커피 향, 그리고 기분 좋게 들리는 사람들의 웅성거림 같은 것들.

내 일상에 좋아하는 무언가를 들이는 일은 그저 흘러가던 나의 시간을 잠시나마 붙들기에 충분했다.

이렇게 일상에서 얻는 당연하고도 소소한 행복이 있다는
건 어쩌면 정말 대단한 운을 가지게 된 것일지도 모른다.
그냥 앞으로의 나는 나약하지만 단단했으면 하고,
사소하지만 좋아한다고 말할 수 있는 작은 것들에 둘러싸
여 살아갔으면 한다.

- 브리즈번 일상에 스며들어 있던 소소한 것들

*Jak & Hill*에서 먹는 사워도우 빵과 스크램블 에그를 곁들인 브런치, *Scout Cafe*에서 먹은 베이글, *Bean Cafe*의 소이 라떼, *Boost Juice*의 망고탱고, *Jimmy's On The Mall*에서 마시는 시원한 맥주 한 잔, 일요일 오전이면 *Milton Markets*에서 흘러나오는 노랫소리, 그 안에 앉아 마신 *Bunker Coffee*, 수요일이면 *City Markets*에서 포장해오던 에그타르트, *Sushi Edo*의 볼케이노, 한국보다 더 맛있던 호주의 *Nene Chicken*, 심심하면 갔던 *Woolworths*와 *Coles*, 수십 개의 계단을 올라야 했던 *Spring hill*에 있는 우리 셰어하우스, 그 안에 내 침대가 놓여있던 3인실 방, 출근을 위해 매일 아침 7시 30분에 향하던 *Central Station*, *South bank*에서 바라보는 노을, 어두운 밤 반짝이던 *Story Bridge*. .

불안해도 괜찮아,
그것 또한 너의 예쁜 순간이야

주방일에 청소 일에, 이렇게까지 살아야 하나 싶다가도 나와 똑같이 치열하게 일하고 있는 룸메이트를 보면서 위로를 받았다. 아등바등 애쓰는 서로의 모습이 웃긴다며 깔깔대기도 하고, 애쓴 만큼 얻어낸 우리의 휴무는 누구보다 달콤하다 자부할 만큼 행복하게 보내기도 했다. 서로의 하루를 응원해주기도, 유독 지친 날에는 서로의 어깨를 토닥여주기도 하며.

태즈메이니아에서 처음 만났을 때부터 어쩐지 나와 비슷한 부분이 많다고 생각했었다. 내 억양에는 충청도 사투리가, 너의 억양에는 경상도 사투리가 묻어나오는 다른 우리였지만 말이다.

이십 대의 후반으로 달려가는 우리에게 야식과 함께 떠들던 단골 주제는 〈한국 가면 뭐 먹고 살지〉였다. 전공이 있는 것도, 이렇다 할 경력이 있는 것도 아닌 우리는 무언가 반짝이는 꿈을 시작하고픈 마음은 있었으나 그 길을 아직 못 찾고 있었다. 그러다 조만간 호주를 떠나 집으로 돌아갈 예정이었던 룸메이트가 이곳에 조금 더 머물겠다고 말하던 날. 그녀는 그녀의 가족으로부터 애정 어린, 그렇지만 조금은 쓴소리를 듣게 된 밤이 있었다. 그 말에 애써 외면하던 불안함이 터져 눈물 흘리는 룸메이트를 보면서 내 마음이 조금 저려오던 그런 밤.

꽤 자주, 애정 어린 쓴소리를 건네던 고모는 내가 여행을 다녀온 후부터 그저 뭐든 잘 할 수 있을 거라는 응원만을 건넬 뿐이었다.

"그래, 너는 다른 사람 신경 쓰지 말고 네가 하고 싶은 것을 해. 충분히 잘 해낼 거야."

라고. 여행을 가기 전의 내 모습과 그 후의 내 모습에 딱히 큰 차이는 없다. 여행을 통해 얻은 용기로 떠나 온 호주 워킹홀리데이 생활 15개월 차인 지금까지도 여전히 나는 학벌도, 경력도, 든든한 지원군도 없는, 그러니까 소위 대단하다고 말할 수 있는 스펙 같은 건 쥐뿔도 없는 사람인 것에는 변함이 없다는 말이다. 그럼에도 고모가 이제 내게 쓴소리 없이 응원해주는 이유는, 억울함에 토해내던 눈물이 이제는 나지 않는 이유는, 그냥 내가 스스로를 괜찮다고 말할 수 있게 되어서일지도 모른다.

그저 지금 주어진 하나하나의 순간이 아주 소중하고, 당장의 고난을 이겨내는 스스로가 대견하고, 대단하지 않은 것들에 웃을 수 있는 내가 참 어여뻐서. 조금은 더 불안해야 할 시기가 되었더라도, 그 불안함도 버겁지 않게 끌어안을 수 있는 사람이 되었다고 조금은 자만할 줄 알게 되어서.

그 누구는 꽤 적지도, 그렇다고 많지도 않은 나이에 이렇다 할 것도 없이 호주에서 농장 일을 하고, 주방에서 화상 자국을 남기며 허드렛일을 하고, 땀 흘리며 청소 일을 하는 것이 나이에 맞지 않는 일이라 타박할 수도 있다.

그래도 최소한 나는, 그리고 내가 호주에서 만난 대부분의 인연은 그 모든 것들을 하찮다고 말하지 않고, 누군가는 나이에 맞지 않다 말하는 이 모든 나날이 앞으로 더 살아갈 삶에 있어 없어선 안 될 추억이라 말하곤 한다. 호주에 있는 동안 우리 모두는

"지금 이 순간은 아무리 시간이 지난다고 해도 참 많이 생각날 것 같아."라는 말을 습관처럼 머금고 있으니 말이다.

그러니까 나이는 지금의 나를 불안하게 할 수는 있어도 오랜 시간 지나고 나면 별거 아님을, 여든이 다 되어가는 우리 할머니가 10년만 젊었어도 뭐든 할 수 있겠다고 내게 말했던 것처럼, 할머니가 간절하게 바라는 10년 전은 아직도 우리에겐 한참이 남았음을.

그만큼 지금 우리가 할 수 있는 일은 너무나도 많다는 것을 깨닫게 된다면, 어느 누군가가 말하는 수많은 불안함에도 괜찮다고 말할 수 있을 테니까.

별 볼일 없는 내가 룸메이트에게 해줄 수 있는 위로는 이 정도뿐이었다. 내 위로가 도움이 되었을지는 모르겠지만, 어찌 되었든 그녀는 불안함에 무너지지 않았고 결국엔
"호주에 더 남아있길 정말 잘했어!"
라는 말을 수십 번은 할 만큼, 더없이 행복한 나날을 꽉 채우고 집으로 돌아갔다.

우리의 무너질 것만 같은 위태로운 오늘을 다독여 주는 것은 대단한 게 아니었다.

사사로운 것들에 마음을 깊게 쓰는 것,

대단하지 않은 것들로 웃게 해주는 것,

한없이 불안하고, 그만큼 단단할 거라 억지로 위로하는 내게

"불안해도 괜찮아. 그것 또한 너의 예쁜 순간이야."

라고 말해주는 것.

가치 불변의 법칙

아르바이트가 아닌 공식적인 직원으로 월급을 받으며 일을 했던 나의 첫 직장은 교복을 벗기 한 달 전, 20살이 되던 해부터 근무한 백화점 안에 있는 의류 매장이었다. 학교를 졸업함과 동시에 마음 편히 머물 집이 필요했던 내게 이 직장은, 학창 시절 '돈 없다'라는 소리를 입버릇처럼 달고 지내며 아르바이트했을 때보다 더욱 간절한 공간이 되었다. 이 직장이 없으면 입버릇처럼 수준이 아닌 정말 대놓고 비참하게 '돈 없다'라는 소리를 하게 될 것만 같았다.
그 탓이었을까. 내가 할 수 있는 유일한 일이라는 생각에 예쁨 받기 위해 무척이나 애를 썼다. 학창 시절 내내 잠 많은 애라고 소문이 파다했던 나는, 단 한 시간밖에 못 잘지언정 성실하게 출근을 했다. 그리고 정말 미련 맞게 일을 했다. 월급이라고 해봤자 따지고 보면 최저 임금도 안되는 월급을 받으면서도 정말 감사하다고, 과분하다고, 최선을 다 하겠다고, 참 미련 맞게 일을 했다. 그때의 나는 너무 어렸고, 할 수 있는 것이 없다는 막막함에 갇혀있었고, 해맑았고, 나름 순진했고, 그러니 영악한 어른에게는 소위 구워 삶기 쉬운 존재일 수밖에 없었으니까. 그때의 나는 무조건 웃으면서 '네네' 소리를 하고, 싫어도 좋다고 하고, 지극히 당연한 것을 감사해하는 것이 예쁨 받는 유일한 조건인 줄 알았었다.

어느 날은 나보다 한참은 어른인 손님들이 아무 이유 없이, 그저 어리고 만만해 보인다는 이유로 말도 안 되는 억지를 부리며 고개를 조아리길 바랐던 적이 있었다. 그때도 나는 뜨거운 눈물을 삼키며 한없이 조아렸다. 그 무리 중 한 사람의 뱃속에는 아직 태어나지도 않은 아이가 있었는데, 이 아이가 세상에 태어나 자라면서 나 같은 사람처럼 크게 될까 두렵다는 손님의 대사에 치가 떨렸지만, 내가 할 수 있는 것은 그저 죄송하다고 말하는 것뿐이었다. 내가 그들에게 한 행동이라고는 그들이 다른 '어른'인 직원에게 수치심을 느꼈을 때 눈에 띄는 장소에 서 있던 것뿐이었다. 그들은 '어른'인 직원보다는 더 높은 점수를 받기에 쉬운, 어리고 만만해 보이는 내게 화살을 겨냥했다. 그 결과 역시나 아무런 반박도 하지 못하는 나를 쏘고, 높은 점수를 얻어낸 그들은 만족스러운 성과를 얻고 웃으며 돌아갔다.

그리고 내가 할 수 있는 것은 매장으로 돌아와 피팅룸 안에 숨어 두시간이 넘도록 울분을 토해내는 것이었다. 억울하고 치가 떨려 눈물이 멈추지 않았다. 더 분한 것은 나 자신이었다. 이까짓 게 뭐라고 큰소리 내며 때려치우지도 못하고, 떨리는 숨을 고르며 머리를 조아린 바로 나.

그들 중 한 명이었던, 나보다 족히 서른 살은 더 나이가 많아 보이던 그녀는 어느 중학교의 교사라고 했다. 교사라는 사람이 그렇게 행동을 했다는 것이 놀랍다기보다는, 그녀가 그런 행동을 하면서 자신이 교사라는 것을 숨기지 않고 당당하게 여겼다는 사실이었다. 그녀는 내게 고개를 조아리길 명령하는 말끝마다, 자신의 집안이 교육자 집안이라는 사실을 반복해서 덧붙였으니까.

이제는 근 10년 전 일이 되었지만, 아직도 가끔 그때로 돌아가는 상상을 한다. 지금 같았으면 뱃속의 아이가 나처럼 자랄까 봐 무섭다는 그 말에 "아줌마 손에 클 애 인생이 더 불쌍하거든요???" 하고 온갖 실언을 내뱉어줬을 것이라며 웃어 넘기긴 하지만, 여기에 흥분이 조금 더해지는 날이면 여전히 울컥함에 목이 멘다. 그 이후로 내게 이 직장은 더 이상 성실하고, 미련 맞게, 최선을 다하고 싶은 곳이 아니었다. 아무것도 할 수 없는 사람이라 여겨 악착같이 붙어 있게 만드는 이곳이 그저 원망스러울 뿐이었다.

나는, 나는 하고 싶은 것들이 많은데. 세상은 왜 내게 하고 싶은 것들만 주고, 할 수 있는 것들은 주지 않은 것일까-라는 원망을 누군지도 모를 사람에게 수도 없이 외쳐댔다. 그러던 와중에 우연히 스쳐 지나간 그는 내게 '뭐든 할 수 있는 나이잖아요.'라고 말해주었다. 나에겐 여기가 딱 이라며, 어디 갈 생각하지 말라던 매장 매니저님과 달리, 그는 내게 뭐든 할 수 있을 것이라 말해주었다. 그런 말을 해준 어른은 내 인생에 있어 처음이었다. 그렇게 나는 하고 싶은 일을 찾기 위해 2년 동안 일한 첫 직장을 퇴직금 한 푼 받지 못하고 그만두었다. 이 부분 또한 지금 같았으면 십 원 한 장 놓치지 않고 악착같이 받아냈을 텐데, 이때의 나는 퇴직금을 받지 못했다는 억울함보다 이곳을 벗어났다는 뿌듯함에 취해있었으니 괜찮다고 치자.

하고 싶은 일을 찾기 위해선 일단 내겐 돈이 필요했다. 그래서 나는 한 공장에 취직을 했다. 그곳에서 내가 하는 일은 생산 관리였다. 고작 스물두 살짜리 여자애가 이래라저래라한다고 아니꼽게 보는 어른들도 있었지만, 그래도 백화점 진상 손님들에 비해서는 아무것도 아니었다.

문제는 직속 상사들이었다. 그들은 모두 30대 초반의 남자들이었는데, 사회 경험이 어느 정도 쌓인 그들에게 어린 나는 괴롭히고 부려 먹기 딱 좋은 먹잇감이었다. 그들의 모든 업무는 다 나에게로 쏟아졌고, 그에 따른 책임도 모두 다 내가 쥐어야 했다. 하루에도 서너 번씩 화장실에 숨어들어 우는 것이 일상이었다. 그래도 참을 만했다. 목표를, 그러니까 목표를 이뤄낼 그 끝을 정하고 시작한 일은 아무리 지옥 같아도 버틸 수 있는 원동력을 주었다.

그렇게 또 2년을 버티다 드디어 퇴사를 했다. 사직서를 쓰며 퇴사 사유에 세계여행이라고 적어 내던 그 순간의 쾌감은 아직도 잊을 수가 없다. 개인 사유라고 써도 됐었지만, 이때까지 유치한 세력 싸움에 날 도구로 삼은 그들에게 하는 소심한 복수였다고나 할까. 사직서를 받은 생산팀 과장님은 지금 장난치는 거냐며 어이없어했고, 직속 상사는

> "너 지금 후회할 선택을 하는 거야. 네 나이에, 그것도 고졸이 어디 가서 이런 월급 받으면서 일할 수 있을 것 같아? 너 생각해서 하는 소리야. 여행이야 돈 많이 벌어서 나중에 나이 먹고 가도 되잖아. 여행 갔다 오면 너 분명 후회한다."

라는 말을 퇴사하기 직전까지 귀에 딱지가 앉을 정도로 떠들어댔다. 그의 말에 흔들리지 않았다면 거짓말이다. 정말로 후회할지도 모를 거라는 생각에 수없이 불안했지만, 괜한 자존심에 그 앞에선 애써 아무렇지 않은 척, 내 결심이 단단한 척 연기를 했다.

하지만 여행이 시작되고, 또 그 여행을 마치고 집으로 돌아오고, 그 여행을 떠났기에 얻은 용기로 호주에서의 삶을 살아가는 지금은 연기가 아니다. 만약 그의 말에 흔들려 회사를 그만두지 않았다면, 떠나지 않았다면, 나는 따지고 보면 죄가 없는 직속 상사를 평생 원망하며 후회 속에 살아갔을 것이다. 아니, 떠나지 않았다면 후회조차 하지 못할 삶을 살았겠지만, 적어도 지금의 나는

"떠나지 않았으면 정말 후회할 뻔했다!!!"

라고 말할 수 있다는 사실이 참 다행스럽다는 것이다.

호주에서의 삶은 철저히 노력에 따른 성과 법칙 아래 흘러간다. 그러니까 나 혼자 열심히 하면 바보가 되었던 그때와 달리, 내가 노력을 하냐 마냐에 따라 삶의 질이 바뀌었다. 열심히 일한 만큼 그만한 대우를 받고, 몸이 힘들면 그에 따른 많은 급여를 받고, 게다가 마음만 먹으면 나만을 위한 시간을 얻을 수도 있었다. 사실 우리에겐 돈보다 시간을 얻는 것이 더 힘들지 않은가.

아무리 고단하고 지친 순간이 있어도 '왜 이렇게 살아야 하지?'가 아니라 그 이후에는 분명히 보상받을 순간이 온다는 것을 알았기 때문에 고단하고 지친 하루도 뿌듯한 하루로 기억될 수 있었다. 그러다 보니 자연스럽게 나의 가치를 높일 줄 알게 되었던 것 같다. 제대로 배운 게 없어서, 고졸

이라서, 어디 가서 이런 대우는 받지 못할 것이라는 불안함에 아무리 부당해도 이 정도면 나에겐 합당하다 합리화했던 그때와 달리, 뭘 하든 잘 먹고 잘 살 수 있을 것이라는 근거 없는 자신감을 얻게 되었달까. 별거 아닌 것처럼 보여도 최소한 나에겐 아주 큰 변화였다.
우리는 보통 스스로의 가치는 스스로 높이는 것이라는 사실을 알면서도, 주변의 시선과 주어진 환경으로 판단된 자신의 가치에 어쩔 수 없이 수긍하며 살아가니까.

어쩌면 우리는 "이 정도면 괜찮아."라는 말을 한숨이 아닌 옅은 미소로 내뱉을 수 있는 자격이 충분한지도 모르는데 말이다.

때로는 순간의 발걸음이
예상치 못한 하루를 가져다준다

　사랑하는 장소가 생긴다는 건 참 기분 좋은 일이다. 나만의 보물 상자에 보석을 채우는 일과 같달까. 내가 남들 앞에서 으스댈 수 있는 자랑거리가 되기도 했다. 인생에 우선순위를 조금 손본 나에겐 좋아한다고 말할 수 있는 오래된 것들이 자랑거리가 되고는 했으니까. 그날의 온기가 담긴 사진 한 장, 같은 곳을 추억하는 소중한 인연, 오롯이 나만이 가지고 있는 기억 같은 거. 그러니까 이 대부분의 것들은 모두 좋아하는 장소에서 얻어온 것들이라, 아니 이런 것들 덕분에 좋아한다고 말할 수 있는 장소가 생겼다고 해야 하나. 아무튼 그렇기 때문에 내게 좋아하는 장소가 생긴다는 건, 내가 살아가는 데 있어 꽤 중요한 가치가 되었다.

바이런 베이는 어쩌다 가게 된 여행지였다.
어쩌다 가게 되었다는 건 여유로운 마음을 가지고 떠나지 못했다는 것이고, 여유로운 마음을 가지고 떠나지 못했다는 건 그만큼 내키지 않는 발걸음이었다는 것이다.
그런데 내키지 않았던 발걸음과는 달리 이상하게도 이날의 바이런 베이는 모든 것이 완벽했다. 바이런 베이로 향하는 길 위의 하늘, 처음으로 함께하는 이상한 조합의 우리, 완벽한 노을, 자전거를 타고 달리던 길목과 쏟아지는 별, 그 아래 흐르는 좋아하는 노래, 순간의 정적에 툭 튀어나온 우리의 이야기까지.
어쩌면 흔하고 어쩌면 별거 없는 이 모든 것들이 완벽하게 스며든 오늘은, 나에게 바이런 베이라는 사랑하는 도시가 생겨버리기 충분한 이유가 되었다.

사실 화려한 것에 빠져드는 것보다 사소하고도 잔잔한 순간을 사랑하는 것이 더 어려운 일이기도 하니까.

그러니까 그 어려운 순간을 맞이한 오늘은 아마 꽤 오랜 시간 동안 잊히지 않을 것이라, 멈추지 않는 잔잔한 파도처럼 일렁이게 될 것이라 확신했다.
이렇게 때로는 순간의 발걸음이 예상치 못한 하루를 가져다준다. 그리고 그 예상치 못한 하루는 나도 모르는 사이 그 무언가를 사랑하게 만든다.

우리가 함께하는 여행

혼자 하는 여행에 익숙했던 나는, 혼자 하는 여행이 내게 더 잘 맞는다고 생각했었다. 누군가와 맞출 필요 없이 그저 내가 먹고 싶은 음식을 먹고, 내가 움직이고 싶을 때 움직이며, 내가 가고 싶은 장소만 가는. 하지만 이젠 함께하는 여행이 더 설렌다고 말할 수 있는 이유는, 그동안 쌓인 좋아하는 사람들과 함께한 순간 덕분 일 것이다.

1년 반 전에는 농장에서 딸기를 따던 우리가 시드니로 여행을 떠났다. 이제 하나, 둘 호주를 떠나는 우리가 함께할 수 있는 마지막 여행이었다. 여행은 시작부터 순탄하지 않았다. 시드니 하면 맑은 하늘 아래 오페라하우스, 본다이 비치에서의 낭만적인 수영을 생각하겠지만, 우리가 여행하는 내내 시드니는 비가 내렸다. 심지어 비싼 가격에도 불구하고 바다가 보이는 숙소에 이틀 동안 묵었을 땐 폭풍우가 쏟아져 바다에 발 한번 못 담그기도 했다. 그런데도 어쩐지 웃음이 끊이지 않았던 이유는 혼자가 아니어서, 아무리 비가 쏟아져도 내 옆엔 누군가가 있어서 일지도 모른다.

시드니까지 와서 숙소에서 배달음식을 시켜 먹었어도, 산책하러 나갔다가 쏟아지는 비에 온몸이 홀딱 젖었어도, 뜨거운 물이 나오지 않아 덜덜 떨며 찬물로 샤워를 하면서도 우리가 즐거웠던 이유 말이다.

나이가 지긋한 우버 기사 아저씨는 우리의 젊음이 참 보기 좋다며 기분 좋은 미소를 건네셨고, 지나가다 우연히 마주친 한 여자분은 단지 함께하는 모습이 예뻐 보인다는 이유로 우리를 카메라에 담아주었다.
제아무리 여행의 8할은 날씨라지만, 우리는 함께라는 이유로 폭풍우가 쏟아지는 날씨에도 지나가는 누군가에겐 충분히 행복해 보였다는 것이다.

혼자 하는 여행과는 달리 누군가와 함께하는 여행은
어려운 부분이 꼭 존재하기 마련이다.
낯선 환경에 둘러싸인 서로가 예민해져
언성을 높이기도 하고, 생각지도 못한 상황에 지치기도 하며,
각자가 추구하는 부분이 달라 엇갈리기도 한다.
그럼에도 누군가와 함께하는 여행이 조금 더 설레는 이유는
그 모든 어려운 부분에 먼저 내미는 손길, 서로에 대한 격려,
따뜻한 배려가 묻어 나오기 때문일 거다.

그래서 여행을 함께하면 할수록 우리는
조금 더 사랑에 빠지는 것일 수도 있고,
함께하지 못한 순간에 만나는 아름다운 풍경은
그리움이 배가 되는 이유가 되기도 하고 말이다.

우리가 함께하는 여행, 둘

8개월 동안 열심히 달렸던 브리즈번 시티 생활을 마무리하고, 지역 이동을 하기에 앞서 발리로 자체 휴가를 떠났다. 시티 생활을 함께했던 나의 룸메이트와 1년 전 호주를 떠난 슬기와 함께하는 여행이었다.

대부분의 사람들도 그런지는 잘 모르겠지만, 우리의 모든 것은 먹는 것 아래 이루어졌다. 그러니까 예를 들면 론세스톤에서 함께 했던 추억을 곱씹을 때는 '그때 우리 다 같이 비빔밥 해 먹었던 거 있잖아.', '다이어트한다고 양배추 한 통 삶아놓고 밥 세 공기 먹었던 거 생각난다.', '우리 그때 호바트에서 먹은 볶음밥 진짜 인생 통틀어 최고였는데!'로 시작되었고, 함께하는 여행을 할 때면 우리의 최대 고민은 '오늘 뭐 먹지?' 혹은 '내일 뭐 먹지?'가 되었다. 이런 우리가 함께하는 발리는, 게다가 우리 모두 처음이 아닌 두 번째로 오게 된 발리는, 더더욱이나 무언가를 봐야겠다는 생각보다는 당장의 배를 채울 무언가가 더 중요하게 되었다. 여행지에 대한 취향이나 입맛이 비슷했던지라 큰 의견 차이 없이 우리는, 우리가 좋아하는 짱구*Canggu*에 오래 머물며 좋아하는 단골 식당을 실컷 다녔다.

1. Deus 앞 노상 사테*Sate*

길거리에서 아주머니가 돼지 사테를 구워주신다. 그럼 그 앞에 철퍼덕 주저앉아 구워주는 족족 사테를 집어먹는다. '칠리! 칠리!'를 외치면 알싸한 고추를 다져 만든 소스를 주는데 그게 또 기가 막힌다. 찹쌀밥이랑 먹어도 좋고, 그 앞에 있는 펍에서 빈땅*Bintang* 하나 사 들고 와 먹어도 좋다.

2. Warung Sika 나시짬뿌르*Nasi Camper*

발리의 가정식을 나시짬뿌르라고 부르는데, 아마도 여기가 발리에서 최고가 아닌가 싶다. 고슬고슬한 쌀밥에 서산에 있는 우리 할머니가 무쳐준 듯한 나물, 거기에 매콤한 삼발 소스를 곁들여 먹으면 한식이 그리울 수가 없는 조합이 탄생한다. 농장에서 만나서 그런지 죄다 시골 입맛인 우리는, 밥에 나물만 얹어주면 뭐가 그렇게 대단하다고 엄지를 치켜들며 먹기 바빴다.

3. Bakso Rudi

탈이 나서 저녁 먹을 배가 되지 않아 숙소에 누워 혼자 쉬고 있는데, 룸메이트와 슬기가 뛰어 들어오더니 여긴 꼭 내가 먹어봐야 한다고 난리에 난리를 친 곳이다. 발리의 국수 비스름한 것을 박소라고 부르는데 내가 먹어 본 박소 중에선 여기가 최고였다.

우리는 항상 우리 중 누구 하나 없이 맛있는 것을 먹고 나면 진심으로 아쉬워했다. 나 없이 박소를 먹고 온 너희가 이 맛을 모르는 나를, 정말 최선을 다해 아쉬워하고 안타까워하던 것처럼. 결국엔 다음날 다 같이 가서 박소에 밥까지 말아 먹고 온 것으로 모두의 한이 풀렸다.

우리의 여행은 그저 맛있는 것을 먹고, 스쿠터를 타고 달리고, 그러다 마주한 예상치 못한 장면에 있는 힘껏 감탄을 내지르고, 툭하면 웃고, 어쩌다 울며, 그렇게 채워져 갔다. 그러다 보니 꽤 길 줄 알았던 2주라는 시간이 금세 끝이 났고, 각기 다른 각자의 길을 응원하며 안녕을 고했다.

호주에서 살아가며 내가 가장 약했던 그 순간과 그 순간이 지나고 행복하다- 말했던 대부분의 날들을 함께한 룸메이트가 이제는 호주를 영영 떠나 함께하는 발리 여행을 끝으로, 한국으로 돌아갔다. 나름대로 헤어짐에 익숙해졌다고 자부했던 우리는 막상 또다시 헤어짐이 닥치자 두 눈가가 벌게지고 말았다. 이제는 우리의 인연이 마지막이 아닌 것을 알고 있었음에도 눈물이 난 이유는 그저 함께했던 소중한 시간이 참 고마워서 그랬을 것이다.

　서로의 슬픔을 안주 삼아 마시던 모스카토
　햇볕이 따사로운 날 오후, 공원에 앉아 먹던 치킨
　밤 산책을 핑계 삼아 야경을 보며 먹은 피자
　주방 일이 유독 힘들었던 날이면,
　오늘만큼은 먹어야 한다며 찾은 새빨간 닭발
　일요일 오전이면 자주 가는 마켓에서 마시던 커피
　우리의 단골 야식, 떡볶이

우리가 함께한 시간에서 약해진 마음을 달래주던 것과
유난히 따스한 햇볕을 더욱 설레게 해준 것과
가끔씩 공허한 곁을 채워주던 것은,
거창한 것이 아니라 그저 맛있는 음식과
그 음식을 함께 먹는 우리였다.

정말로 바이런 베이에 살다

지난 바이런 베이 여행 이후, 얼마 남지 않은 나의 워킹홀리데이에 한 가지 목표가 생겼었다. 바로 바이런 베이에서 살아보는 것. 좋아한다고 말할 수 있는 장소에 여행이 아닌 살아보는 것을 꿈꾸게 된 것이다. 하지만 다른 도시에 비해 일자리가 적고 셰어하우스 비용조차 비싼 이곳을 비자가 얼마 남지 않은 시점에 가기엔 불안한 마음이 더 컸기에, 결국 안정적으로 돈을 벌 수 있는 야채 공장에 들어갔다. 하루에 12시간은 기본이고 14시간, 심지어는 17시간까지 일한 날도 있었다. 그만큼 생각보다 꽤 큰돈을 벌게 되었지만 이런 하루하루를 살아갈수록 바이런 베이에 대한 갈망은 더욱 커져만 갔다.

운이 좋았던 걸까.

행운이라 불리는 모든 일에는 그만한 운명 같은 타이밍이 존재한다. 그리고 내게도 그런 행운이 온 것처럼 공장의 시즌이 끝나고 슬슬 일이 줄어들 무렵, 호주의 채용 공고 사이트에 바이런 베이에서 청소부를 구한다는 공고가 떴다. 고민할 필요가 없었다. 브리즈번 시티에 살았을 적에 잠깐 투잡으로 뛰었던 청소 일을 강조하며 뭐든 잘한다고, 나를 꼭 뽑아달라는 간절함을 담아 채용 담당자에게 메시지를 보냈다. 그렇게 호주에서 살아갈 나의 마지막 도시는 바이런 베이가 되었다.

바이런 베이에서 하는 일은 새벽부터 아침까지 이곳의 펍과 호스텔을 청소하는 일이었다. 밤낮이 바뀌는 패턴은 적응하기까지 한참이나 걸렸고, 두어 시간 투잡으로 했던 청소와 달리, 온종일 하는 청소 일은 꽤 고되었지만 바이런 베이라는 이유로 모든 것이 괜찮았다. 별이 한가득 쏟아지는 밤 하늘 아래 출근하는 것, 쉬는 시간이면 바닷가에 앉아 떠오르는 해를 바라보는 것, 아무도 없는 펍에서 좋아하는 노래를 크게 틀어놓고 일하는 것까지. 청소부로서 아주 낭만적인 일이 아닐 수 없었다. 유난히 날이 좋은 날이면, 퇴근 후 잠을 아껴 모두가 깨어있는 낮 시간을 자유롭게 누비는 것과 등대에 올라 노을을 마주하는 것도 마찬가지로.

말로만 소망하던 일이 정말로 이루어지는 기분은 참 묘하다. 이렇게 마음먹으면 할 수 있는 일을 그렇게까지 고민하고 두려워했나 허무하기도 하고, 상상하기만 했던 일이 정말로 내 삶에 스며들었다는 사실에 울컥하기도 하는.
호주에서 살아가는 동안 대부분의 시간을 나는, 정말 마음이 가는 대로 살아왔다. 그 예전에는 감히 꿈꾸지 못했던, 그런 마음이 가는 대로 살아가는 삶.
그 누군가가 내게 해주었던 안된다는 이런저런 이유는 그저 핑계에 불과했다는 것을 증명이라도 하듯, 마음을 단단히 먹은 어느 순간부터는 상상으로만 끝내었던 것들이 내 삶에 차곡차곡 쌓이기 시작했다. 물론 먹고 살아가는 문제가 달린 호주 생활에 마냥 좋은 순간만 있던 건 아니었다. 억울하기도, 분하기도, 서럽기도 하다며 울기도 했지만, 그저 파란 하늘과 노랗게 물든 노을에 괜찮을 거라는 위로를 받기도 했다.
어찌 되었든 인생에 단 한 번뿐인 워킹홀리데이는, 호주에서 살아가는 나의 삶은, 그렇게 반짝거리며 내 삶에 담아졌다.

호주에서 청소부로 살아간다는 것

 한국에선 집 청소도 한 달에 한 번 할까 하던 내가 호주에서 청소부라는 직업을 갖게 되었다. 사실 예전에 나는 청소부라는 직업에 다소 괴리감을 느꼈었다. 그러니까 직업과 청소부 사이가 아니라 내가 업으로 삼게 될 무언가와 청소부라는 직업 사이에. 핑계를 대보자면 이제 막 연필로 무언가를 끄적이기 시작한, 그러니까 아직 세상은 요만큼도 몰랐던 어린 시절, 왼손잡이인 나는 할아버지로부터
 "왼손으로 글씨 쓰면 나중에 커서 청소부나 하게 된다, 이놈아!"
라는 호통을 지겹도록 듣고 자랐다.
그러니까 직업의 정의를 배우기도 전부터 직업에 귀천이 있다는 것을 배우게 된 것이다. 그때의 나는 왼손잡이도, 청소부도 잘못된 것이라 여겨 호통을 들을 때면 죄송하다는 말을 연신 내뱉었다.

그 와중에 오른팔이 부러지는 바람에 여전히 나는 왼손잡이긴 하지만.

청소부에 대한 인식이 바뀌게 된 처음은 스페인을 여행할 때였다. 여행을 하며 좋아하는 도시가 잔뜩 생겼었는데 바르셀로나를 여행할 적엔 좋아한다로 끝나는 것이 아니라 살아보고 싶은, 그러니까 이 사람들의 삶에 스며들고 싶다는 마음을 품었었다. 그 이유에는 여러 가지가 있었지만 그중 하나는 그곳에 사는 대부분의 사람들이 여유로워 보였다고 해야 하나. 그러니까 무엇인지도 모르는 것에 쫓기듯 살아온 내 눈에 비친 그들은, 무언가에 쫓기듯이 살고 있지 않았다. 그 때문인지는 모르겠지만, 그 나라의 청소부는 내가 여태껏 생각해오던 청소부의 모습이 아니었다. 화장을 예쁘게 한 젊은 여자가 형광 조끼를 입고 길거리의 쓰레기통을 비우고 있었다. 노래를 흥얼거리는 이도 있었다. 그녀는 어린 시절 할아버지가 내게 항상 말하던 청소부와는 다른 표정을 짓고 살아가는 듯 보였다. 그게 나에겐 꽤 충격이었던 터라 여행이 끝나고 한참이 지나서도 잊히지 않고 있었다.

그때 그녀의 표정을 호주에서 다시 만나게 되었다. 호주도 마찬가지로 쫓기는 무언가가 없는, 아니 어쩌면 바르셀로나보다 더 여유로운 특유의 분위기가 가득 메워져 있었다.

그리고 그런 나라에서 이제는 그저 여행이 아닌 삶을 살아가고, 그녀처럼 청소부라는 직업을 얻고 보니 왜 그때 그녀의 표정이 그랬는지 깨닫게 되었다. 이제는 내가 그녀와 같은 표정을 가지고 살아가고 있었으니까.

확실히 청소라는 일이 쉬운 것은 아니었다. 고되고 힘들었다. 하지만 고되고 힘든 만큼 그만한 대가를 받았고, 청소 일을 하는 나를 그 누구도 할아버지처럼 바라보는 사람은 없었다. 오히려 대단하다 여기고, 심지어 어떤 이는 그 고된 일을 해내는 나를 우러러보기도 했다. 그러다 보니 나는 할아버지가 어린 시절부터 가르쳐 준 것들을 까맣게 잊은 채 이 일에 자부심을 갖게 되었다. 그리고 그런 하루가 끝날 때마다 어찌나 뿌듯했는지 모른다. 아, 내가 또 청소 일에 꽤 소질이 있기도 했다.

물론 이젠 하늘에 계신 우리 할아버지는 땀 흘리며 청소하고 있는 나를 보며 "저놈 저거 오른손으로 글씨 쓰라는 말 안 듣더니 청소나 하고 있을 줄 알았다!"라며 호통을 치실 수도 있겠지만, 이제는 그 호통에 닭똥 같은 눈물을 흘리며 죄송하다고 하는 게 아니라

"할아버지! 전 왼손으로 글씨를 쓰는 제 손도,
청소에 대한 제 자부심도 모두 사랑하는데요?"

라고 말할 수 있다.

앞으로 한참은 더 함께 했으면 하는
간절함을 담아

   그 예전 우리가 함께 했던 첫 여행에서, 이다음에는 내가 꼭 당신들을 위한 여행을 준비하겠다며 큰소리를 쳤었는데 이렇게 한참이 지나서야 그 약속을 지키게 되었다.

   우리는 사파^{Sapa}로 가기 위해 하노이 공항에서 1년 만에 다시 만났다. 오랜만에 만났다고 하기엔 여간 익숙한 게 아닌 그 따스함은 그대로 안고서. 여행에 있어서 딱히 계획적이지 못한 내가, 이번에는 처음으로 누군가를 위해 준비한 여행인 만큼 나름대로 계획을 세워보았다. 우리가 편히 묵을 수 있는 좋은 숙소를 며칠에 걸려 예약하고, 맛있다는 식당을 구글 지도에 빼곡히 저장해두기도 하고. 하지만 잘하고 싶은 욕심이 과해서였을까. 사소한 말 한마디에도 서운함이 잔뜩 솟구치고 말았다. 가뜩이나 쿨하지 못한 내 속이 좁아지다 못해 발 디딜 공간하나 없게 된 것만 같았다.

사파를 여행지로 정한 이유 중 하나가 다랭이논을 보며 여유롭게 쉬는 여행을 하고 싶어서였다. 그래서 숙소도 시내 중심가가 아닌 다랭이논을 볼 수 있는 산 중턱에 있는 곳으로 예약했다. 하지만 로망 가득했던 상상과 달리, 안개가 심한 사파에서 날씨 운은 따라주질 않았고, 멋진 뷰를 기대하고 도착한 숙소에선 한 치 앞을 보기도 어려웠다. 숙소에서 시내로 가는 길조차 생각보다 훨씬 엉망이어서 택시를 타고 왔다 갔다 하는 데 꽤 힘에 부치기도 했다. 심지어 사진으로는 완벽했던 숙소 내부도 부실한 점이 한두 개가 아니었다. 그래서인지 은연중에 고모와 할머니로부터 작고 사소한 불만 사항이 내 귀에 들려왔다.

그 말들은 나도 똑같이 느끼는 불편함이었음에도, 그 불만이 나를 탓하는 게 아니라는 걸 알았음에도, 괜히 서운함이 터져 나와 나도 모르게 짜증을 내버렸다. 원래 같았으면 날씨가 좋지 않고, 불편함에 한두 마디 투덜거리게 되더라도 우리가 즐거우면 됐다고 껄껄 웃어버렸을 텐데, 참 못나게도 그러지 못하였다.

오랜만에 만난 가족에게 짜증만 내는 내가 다른 누군가가 보기에도 안타까웠던 걸까. 다음 날 아침, 안개가 자욱하던 어제와 달리 맑은 하늘 덕에 우리의 눈앞에 다랭이논이 선명하게 펼쳐졌다. 조금은 서툰 지금의 여행을 그저 흘러가는 대로 즐기라는 듯이.

그 덕분인지는 모르겠으나 맛없는 조식도, 시내로 향하는 울퉁불퉁한 길도, 추운 것을 싫어하는 우리에게 추운 날씨도 웃으며 받아들여지기 시작했다. 그러다 보니 좋아하는 단골 식당이 생겼고, 하늘이 허락해야만 볼 수 있다는 맑은 하늘의 판시판도 마주했고, 우리의 행복한 모습이 담긴 사진도 하나둘씩 늘어갔다. 그렇게 꽤 길 줄 알았던 일주일의 여행이 정신을 차려보니 끝나있었다. 고모와 할머니는 한국으로, 나는 호주로 돌아가기 위해 우리는 아쉬운 마음을 잔뜩 짊어지고 공항으로 향했다. 예전과는 달리 이 헤어짐에 눈물이 나지 않을 줄 알았다. 하도 밖으로 나다니는 바람에 떨어져 있는 것이 꽤 익숙해지기도 했고, 다시 만나기까지 100일도 채 남지 않았기 때문이었다. 그런데 조금 빠른 비행기 시간에, 내가 먼저 게이트 안으로 들어갈 때가 다가오자 나도 모르게 또 울컥하고 말았다.

조금 더 잘하고 싶었던 아쉬움인지, 그래도 우리가 무사히 여행에 마침표를 찍었다는 안도감인지, 고작 몇 달 또 떨어지는 헤어짐 때문인지.

아니면 이번에는 당신들을 위하겠다고 떠난 여행에서,

어쩌다 보니 또 나를 위한 여행이 된 것만 같은 고마움 때문인지 모르겠지만.

마음의 준비를 한다고 해서
달라지는 것은 없겠지만

 바이런 베이에서 청소부로 살아온 5개월을 마무리하며 이제 정말로 호주를 떠날 때가 다가왔다. 그동안 살아오며 늘어난 짐을 모두 정리해야 했다. 감당이 되질 않아 버린 것도 잔뜩이고 한국으로 큰 캐리어를 두 개나 보내느라 백 불이 넘는 돈을 지불해야 했다. 남아 있는 작은 가방 하나만을 쥔 채, 호주에서의 마지막 여행을 하고 나면 이제 정말로 한국으로 가는 비행기에 오르게 된다.

마지막은 항상 서서히 다가오는 것이 아니라 갑자기 다가온다. 그러니까 머리로 세는 날짜는 아무 의미가 없이, 살갗에 느껴지는 마지막은 정말로 마지막이 되어서야 닿아서인지는 모르겠지만.

호주를 떠나기 전에 꼭 살아보고 싶다 소망하던 바이런 베이에 살아보았다는 것도,
쉬는 날 없이 일주일을 꽉 채워 일하면서도 대부분의 하루하루가 여유롭고 알찼음에 뿌듯했던 것도,
좋아하는 장소를 마음이 짠한 채로 떠날 수 있다는 것도 어느 하나 고맙지 않은 감정이 없다.

이제 정말로 나의 호주는 마지막에 닿았고,
나는 이 마지막을 최선을 다해 애틋하게 담을 것이라고 단단히 마음먹었다.

너와 함께하는 캠핑

캠핑 1일 차,

예약해 놓은 캠핑카를 받았다. 촌스럽게 이불이며, 수저며 다 챙겨왔는데 모든 것이 다 잘 갖춰져 있는 캠핑카 시설에 놀랐고, 그에 비해 저렴한 가격에 두 번 놀랐다. 주방시설과 주방용품, 침대, 식탁이 포함되어 있는 호주의 캠핑카는 하루에 렌트 비용이 3만 원이 조금 넘는다. 물론 풀보험 비용이 렌트 비용보다 비싼 하루 4만 원 꼴이지만, 그래도 7만 원에 숙식을 해결할 수 있는 '집'이 생긴다는 게 어딘가. 그렇게 우리는 퍼스*Perth*에서 출발해 2시간을 달려 란셀린*Lancelin*으로, 그곳에서 하얀 모래와 파란 바다를 품은 노을을 담고는 캠핑 첫날밤을 보낼 남붕*Nambung*으로 향했다. 늦은 시간 캠핑장에 도착한 우리는, 잘 준비를 마친 관리자를 깨워야 했다. 저 멀리 펼쳐진 들판에서 들려오는 캥거루인지 뭔지 모를 동물의 울음소리, 이제서야 떠오르는 달빛 안에서 그렇게 첫날밤은 지나가고 있었다.

캠핑 2일 차,

발가락이 얼어붙을 듯한 추위에 이른 새벽, 잠에서 깨어났다. 추위에 젬병인 나는 이불 밖으로 나설 엄두조차 내지 못하였고, 그는 이런 나를 대신해 따뜻한 커피를 타 내 주었다. 코끝을 스치는 커피 향과 그 덕분에 새어 나오는 따뜻한 온기에 그제야 나는 이불 밖으로 나올 수 있었다. 알싸한 새벽 공기와 함께 마시는 달큼한 커피는 지금 내가 가장 행복한 사람이라 느낄 수 있기에 충분했고.

해가 온전히 뜬 아침이 되고 나서 우리는 피나클스 사막 Pinnacles Desert으로 향했다. 구름 한 점 없는 새파란 하늘과 자연이 만들어낸 경이로운 풍경과 그곳을 함께 거니는 많은 사람을 우리의 장면에 담고, 4시간을 열심히 달려 오늘 묵을 코러네이션 비치Coronation Beach에 도착했다. 달리는 중간 주리엔 베이Jurien Bay에 들려 눈이 부시게 반짝이는 바다도 보고, 스쳐 지나가는 아무개 동네에서 오늘 저녁 우리의 배를 든든히 채울 고기도 좀 사면서.

오늘 우리의 정착지는 저렴한 캠핑장에 묵자면서 지도를 살펴보다 우연히 찾은 곳이었다. 제대로 된 시설이 갖춰지지 않은 곳이기에 별다른 기대 없이 도착했는데, 도착하고 보니 갖춰진 시설이 없는 대신 파도 소리를 들으며 잘 수 있는 낭만을 얻게 되었다. 전기도 되지 않고, 샤워실도 없는 이곳에서 유일하게 준비된 바비큐 불판 위에 고기를 구워 먹으며 오늘 하루를 마무리했다.
그러니까 전자레인지를 사용할 수 없어 고기에 햇반을 곁들여 먹지는 못했을지언정, 바다에 지는 노을을 곁들어 먹은 셈이다.

캠핑 3일 차,
숨이 막힐 듯 고요하게 부서지는 파도 소리를 들으며 잠에서 깼다. 오늘은 조금 바쁜 일정에 서둘러 캠핑장을 나선 우리는, 우리의 여정 중 가장 큰 국립 공원, 칼바리*Kalbarri*로 향했다. 워낙 큰 장소인 만큼 길을 잃지 않기 위해 관광 안내소로 먼저 향했다. 안내소 직원인 그녀는 우리의 목적지로 가는 방법을 세세히 설명해 주고, 친절하게 지도까지 손에 쥐여주고 나서야 안심하는 듯, 잘 가라는 인사를 건넸다. 우리의 발걸음에 설렘을 더해주는 "Have a good trip!"이라는 말도 함께.
따사로운 햇볕 아래 펼쳐진 자연이 선사한 장관은 우리가 살아있음을 더욱 진하게 실감하게 해주었고, 그 장면과 함께 담기는 우리의 모습은 꽤 즐거워 보였다.

오후가 되고 해가 지기 전에 서둘러 다음 목적지로 향했다. 다시 밑으로 내려가는 길에 바닷속이 훤히 보이는 블루 홀즈*Blue Holes*에 들러 컵라면으로 허기진 배를 채우고, 숨이 탁 트이는 아이슬란드 록*Island Rock*에 들러 멋진 절경을 사진 속에 담아내고, 낭만적인 핑크 레이크*Pink Lake*를 거닐고 나서야, 오늘 밤을 지새울 캠핑장으로 향했다.

너무 열심히 돌아다닌 탓이었을까. 인터넷도 터지지 않는 길 위에서 간신히 캠핑장을 찾아 나서는데 캠핑카에 기름이 바닥나고 있었다. 시티에서 생활할 때를 생각하고 조금 가다 보면 흔하게 있을 줄 알았던 주유소는 가도 가도 보이질 않았다. 불안해진 우리는 가장 가까운 주유소를 찾아 나서면서도 만약 중간에 차가 멈추게 된다면 어찌해야 하는지, 해결방안을 찾느라 머리가 아팠다. 주유소에 도착하기 전 기름이 바닥났음에도, 다행히 캠핑카가 조금 더 힘을 내준 탓에 길 위에 멈춰버리는 불상사는 일어나지 않았지만. 주유소를 찾아 달리던 그 20분 동안 몇 번이나 심장이 내려앉았는지 모른다. 그 순간의 두려움이 결국에는 우리에게 웃으며 떠들 수 있는 추억거리가 되었지만 말이다.

오랜만에 핸드폰이 잘 터지는 캠핑장에서 머물게 된 우리는 이 작은 마을에서 가장 맛있다는 피시 앤 칩스*Fish and Chips*를 포장해와서, 와이파이 속 재생되는 노랫소리를 들으며 와인과 함께 하루를 마무리했다.

캠핑 4일 차,

오늘은 캠핑카로 도로 위를 달리는 시간이 가장 긴 여정이었다. 430km를 달려야 하는 우린 마트에 들러 차에서 먹을 간식거리를 잔뜩 준비했다. 애초에 계획은 바쁘게 달려 목적지인 웨스트 스완 West Swan에 도착해서 와이너리와 초콜릿 공장, 커피 공장을 전부 구경할 생각이었다. 하지만 430km는 그렇게 쉽게 달릴만한 거리가 아니었고, 결국 우린 마음을 비우고 천천히 쉬면서 가게 되었다.
캠핑카를 잠시 세우고 낮잠을 자기도 하고, 소시지를 하나 사 나눠 먹기도 하면서. 그러다 보니 오후 1시에는 도착할 줄 알았던 목적지에 오후 4시가 넘어서야 도착했다. 오늘의 목적지였던 와이너리와 초콜릿, 커피 공장은 모두 오후 5시에 문을 닫기 때문에 우리는 한곳만 선택해야 했고, 결국 해 질 녘과 어울리는 와이너리로 향했다. 아쉬움이 남은 초콜릿 공장과 커피 공장은 이 근처에서 하루를 묵으며 내일 오전에 가기로 하고서는.
문을 닫기 30분 전에 간신히 와이너리에 도착했다. 안달이 난 발걸음으로 여기저기를 들쑤시던 나는 볼이 발그레해지도록 시음을 하고, 한국에 있는 좋아하는 사람들을 생각하며 와인을 잔뜩 사고 나서야 마음이 놓였다. 그리고 그제야 와이너리의 한없이 펼쳐진 포도밭과 그 위에 물든 노란 노을이 눈에 들어왔다. 포도밭과 노을의 조합이 어찌나 아름답던지, 와인 상점이 문을 닫고도 한참이나 포도밭을 거닐었다.

캠핑 5일 차,

아침 일찍 준비를 마치고 전날 못 간 커피 공장으로 향했다. 커피를 좋아하는 나에겐 천국 같은 곳이었다. 카페 앞에 펼쳐진 넓은 들판이며, 원두 볶는 고소한 내음이며, 종류별로 마음껏 시음할 수 있는 커피며, 손가락으로 다 셀 수조차 없는 수많은 종류의 저렴한 원두며. 한참을 구경하고, 맛보고, 한국에 바리바리 싸 들고 갈 원두를 사느라, 결국 초콜릿 공장은 가지 못했으니 말이다.

온몸 구석구석에 달큼한 커피 향이 베인 채로 캠핑카에 올라 오늘의 최종 목적지로 향했다. 위대한 자연의 결과물이라는 웨이브 록*Wave Rock*으로. 웨이브 록에 도착하기까지 350km를 달려야 했다. 마음이 급했던 캠핑 초반과는 달리, 우린 이제 시간보다 길 위에서 마주치는 순간에 집중하게 되었다. 먼 길을 바쁘게 달리기보다는 이름 모를 마을에 잠시 멈춰 구석구석 거닐어 보는 법도 배웠다. 그러는 바람에 목적지에는 해가 지기 직전, 간신히 도착하긴 했지만. 그래도 썩 나쁘지 않았다. 유명한 관광지인 만큼 일찍 도착했으면 많은 여행자로 붐볐을 이곳엔, 우리와 우리처럼 조금 늦은 몇몇 사람들만이 있을 뿐이었다. 놀라운 장관을 정신없이 사진에 담고 어둠이 찾아오기 전, 언덕에 올라 노을을 마주했다. 한국에 돌아가면 이렇게 노을이 지는 순간을 얼마나 자주 바라보게 될지는 모르겠지만, 그냥 이렇게 노을 하나에도 행복해할 줄 아는 사람이 되었음에 마음이 놓인다고 나지막이 중얼거리며.

어둠이 오면 언제 어디서 튀어나올지 모르는 캥거루 때문에 운전하기 위험한 이 호주의 시골길에서, 우리는 가까운 곳 어디라도 오늘 밤 머물 곳을 정해 서둘러 가야 했다. 시설이 좋고 큰 캠핑장은 거리가 좀 있던 탓에, 가장 가까운 캠핑 가능 구역이라고 표시된 정체 모를 장소로 향했다.

어둠 속에 도착한 이곳은 음산함이 느껴질 정도로 아무것도 없었다. 나무로 둘러싸인 장소였던지라 불빛 하나 보이지 않았고, 언제 어디서 무언가 나타나 우리를 헤쳐도 전혀 이상할 게 없어 보이는 곳이었다. 밤이 되니 차가워진 공기와 적막한 고요함과 칠흑 같은 암흑 속에서 우리는 두려움을 감출 수가 없었다. 심지어 핸드폰은 아예 '서비스 불가 지역'이라고 표시되는 게 아닌가. 그렇게 긴장된 마음으로

차 시동을 끄고 나니, 그제야 말도 안 되게 수많은 별들이 우리를 뒤덮고 있었다는 사실을 깨달았다. 추위와 두려움에 벌벌 떨던 우리는 그 모든 것을 잊은 채 캠핑카 밖으로 나왔다. 아무것도 없는, 아무것도 할 수 없는 이곳에서 어두운 밤하늘을 꽉 채운 크고 작은 별들과 그 안에 선명한 은하수와 간간이 떨어지는 별똥별 하나로 벅차다 못해 감격스러운 밤을 보낼 수 있었다. 캠핑 6일째 아침이 밝아오고, 내일이면 캠핑카를 반납해야 하는 우리는 이 별이 쏟아지는 숙소를 끝으로 도심으로 향했다.

캠핑은 정해져 있지 않은 목적지와 예상과는 다른 상황에 당황하기도 하지만, 매일 새롭게 눈뜨는 장소와 예상치 못하게 마주한 순간에 벅차기도 하며, 그렇게 낯선 길 위에서 만난 인연과 따스한 온기를 주고받기도 한다.
우리가 함께한 호주에서의 마지막 여행은 다시금 호주에 와야 할 이유를 차곡차곡 만들어주었다. 언젠가 다시 이날 마주한 노을을, 쏟아지던 밤하늘을, 우리의 마음이 가는 대로 멈춰 서서 담은 모든 장면을 꼭 만나러 오겠다고.
그렇게 다시 이 낯선 길 위를 한없이 달려보겠노라고···.
좋아하는 사람과 함께 채운 좋아하는 장소는 두 배로 더 아쉬운 마음과 그만큼 더 진한 여운을 남긴 채 끝이 났다.

치열하고도 찬란했던 날들에 대하여

 이제는 정말 한국에 정착했다. 그러니까 어딘가 또 떠날 일이야 있겠지만 내가 집이라 부를 수 있는 공간을 없앤 채, 정처 없이 떠돌던 여행과 이사를 자주 다녔던 호주에서의 삶을 끝내고, 이제는 배낭과 캐리어가 필요 없는 생활을 맞이하게 된 정착.
이제는 추억이 되어버린 호주에서의 시간은 앞으로 살아갈 더 긴 삶을 살아가는 데 있어서, 조금 더 나를 사랑하며 살아가는 방식을 알려주었다.

 굳이 내 마음에 상처를 내면서까지 누군가와의 인연을 붙들지 않아도 된다는 것.
 있는 그대로의 나를 꺼내 보여도, 내 곁에 남아 줄 사람들은 있다는 것.
 나 스스로가 괜찮다고 말해야 괜찮아진다는 것.

무엇을 하든, 내가 좋아하는 마음을 가지고 행한다면
그 누구도 우습게 볼 자격은 없다는 것.
가끔은 억지로 애쓰는 것보다, 무너지도록 내버려 두는
순간도 필요하다는 것.
우리의 존재는 쓸모없지 않다는 것.

 호주의 마지막 즈음에 닿았을 무렵, 누군가 내게 말했다. 참 대단하다- 생각한다고. 그러니까 남들이 대단하다 여기는 것들은 가지고 있지 않음에도, 주눅 들지 않고 사소한 것들에 진심으로 행복을 느끼면서 살아가는 것처럼 보인다고 말이다. 그때 알았다. 불행하지 않은 사람처럼 보이기 위해 애쓰고 발악해도 불행해 보였던 내가, 이제는 굳이 애쓰지 않아도 충분히 행복해 보이는 사람이 되었다는 것을. 그리고 그 이유에는 호주에서 살아가는 동안 담긴 모든 순간이 있어서일 것이라고 생각했다.
사실 호주에 가기 전에는 이 장소를 이렇게까지 사랑하게 될 줄은 몰랐다. 워킹홀리데이 장소로 호주를 선택한 이유는 호주에서의 삶이 기대된다기보다, 높은 최저임금과 쉽게 나오는 비자 때문이었으니까. 또한 먹고사는 문제야 한국이나 호주나 별다를 것이 없다고 생각하였고, 그렇기 때문에 여행이 아닌 먹고살아보겠다고 떠나는 호주에 높은 기대가 있을 리는 없었다. 그래서인지 애초에 나는 1년짜리 워킹홀리데이 비자를 받아놓고 길어야 8개월 정도 있다 오겠거니- 생각했었다. 뭐, 결국에는 2년을 꽉 채우고도 모자란다고 구시렁대면서 호주를 떠나게 되었지만.

그렇게 도착한 호주에서 나는 별의별 일을 다 해보았다. 농장에서 땀을 뻘뻘 흘리며 딸기를 따기도 했고, 야채 공장에 들어가 썩은 야채를 골라내기도, 골라낸 야채를 포장하기도 했고, 스시 레스토랑에서 하루 몇백 개의 롤을 싸기도, 샌드위치 가게에서 샌드위치와 커피를 만들기도, 팔에 기름 자국을 남기며 주방에서 요리를 하기도, 아무도 없는 병원을 뛰어다니며 청소를 하기도 했고, 내가 가장 좋아하는 도시를 살아가며, 그 도시를 여행하는 이들을 위한 펍과 호스텔을 청소하기도 했다.

하루에 짧게는 4, 5시간을 일한 적도 있고 많게는 12시간, 아니 17시간을 일한 날도 여럿이었다. 주에 4일을 일하기도, 쉬는 날 없이 몇 달을 일하기도 했다.

내가 가진 비자가 워킹비자가 아닌 워킹홀리데이 비자였던 만큼 꽤 많은 홀리데이도 있었다. 한 직종에서 일을 오래 하지 못하는 호주의 법 덕분에 일자리를 바꿀 때마다 휴가를 얻게 되었다.

발리를 세 번이나 다녀오고, 호주가 삶이었던 나는 한국을 여행으로 잠시 들르기도 하며, 도시마다 다른 매력을 지니고 있던 호주의 여러 도시를 여행하기도 했다. 여행뿐만이 아니라 꽤 낭만적인 일상도 보냈다. 커피를 사랑하는 그들을 따라 나 또한 빠져보기도 하고, 날 좋은 날 공원에 앉아 아무것도 하지 않아도 알찬 하루가 될 수 있다는 것을 느끼기도 하고, 붉게 지는 노을 하나에도 행복해할 줄 아는 사람이 되기도 했다.

이렇게 나의 2년은 아쉬우면서도 꽉 채워졌고, 몸이 고단하면서도 마음은 여유로웠으며, 때때로 외롭다가도 곁이 따뜻하다 못해 뜨겁기도 했다. 그렇게 감사하다 못해 벅찼던 호주에서의 많은 날을 어쩌면 평생, 잊지 못하며 살아갈 것이라 감히 예감했다.

치열하고도 찬란했던 그 모든 순간을.

오늘 두 번 이상 들은 노래

<론세스톤의 순간이 담긴 노래>

Coldplay - Miracles
Coldplay - The Scientist
Ellie Goulding - How Long Will I Love You
Morten Harket - Can't Take My Eyes Off You
Jason Mraz - A Beautiful Mess
Lasse Lindh - I Could Give You Love
Lasse Lindh - Fix Your Heart
Maroon 5 - Sunday Morning
Maroon 5 - She Will Be Loved
Michael Carreon - The Simple Things
Toploader - Dancing In The Moonlight
Troye Sivan - For him.
Ryan Gosling, Emma Stone - City Of Stars
서연 - 여름안에서
슈퍼키드 - 그리 쉽게 이별을 말하지 말아요
406호 프로젝트 - 기분이 좋아
스텐딩 에그 - 오래된 노래
이적 - 그땐 미처 알지 못했지
2NE1 - 안녕

<브리즈번의 순간이 담긴 노래>

ZAYN - Let Me

Sam Smith - Baby, You Make Me Crazy

Glass Animals - Youth

Oasis - Wonderwall

OhashiTrio - Shine

Paul - Sleeping Beauty

Citizens! - True Romance

W&Whale - Stardust

Citizens! - European Girl

WOOGIE - GIRL

카더가든 - 간단한 말

카더가든 - Together

위아더나잇 - 깊은 우리 젊은 날

위아더나잇 - 별, 불, 밤

위아더나잇 - 티라미수 케익

잔나비 - 뜨거운 여름밤은 가고 남은 건 볼품없지만

잔나비 - 꿈과 책과 힘과 벽

잔나비 - Wish

기리보이 - 하루종일

<바이런 베이의 순간이 담긴 노래>

Daye Jack - Heart Shaped Culdesac

Mahalia - I Wish I Missed My Ex

Same Henshaw - Broke

Same Henshaw - How Does It Feel?

Marc E. Bassy - Plot Twist

Ed Sheeran - Thining Out Loud

Ed Sheeran - Beautifue People

Ed Sheeran - Photograph

Family of The Year - Hero

Post Malone - Sunflower

Post Malone - Psycho

장범준 - 사랑이란 말이 어울리는 사람

장범준 - 사랑에 빠졌죠 (당신만이)

장범준 - 빗속으로

장범준 - 잘할 걸

잔나비 - 처음 만날때처럼

잔나비 - 나는 볼 수 없던 이야기

아이유 - 밤편지

위아더나잇 - 있잖아

태즈메이니아에서 우리가 처음으로 함께 떠난 여행이 담긴 "Dancing In The Moonlight", 열심히도 달린 브리즈번 시티 생활에서 유독 힘든 날이면 위로가 되었던 "깊은 우리 젊은 날", 바이런 베이에서 청소 일을 하며 살았을 때 일이 끝나고 달려간 포스트 말론의 콘서트에서 라이브로 들은 "Sunflower". 이렇게 그때 들었던 모든 노래에는 그날의 공기, 온도, 시간의 장면이 스며들어 그 시절이 끝나고 나서도 다시 한번 나를 그 순간으로 데려가 주었다.

어느 순간부터 마음에 들던 내 모습 하나는, 그저 매일 마주할 수 있는 당연한 것들에 행복하다고 말할 수 있는 거였다. 아마도 여행을 내 인생에 들여놓기 시작하면서, 무언가를 사랑할 줄 알게 된 후부터, 혹은 조금씩 커가는 나에겐 자연스럽게 일어날 일이었는지도 모른다.
어차피 이렇게 된 거 앞으로도 나는 자연스럽게 펼쳐지는 노을을, 반짝이는 밤하늘을, 유난히 예쁜 달을 품은 날들을 나만의 플레이 리스트에 담아낼 줄 아는 사람이었으면 한다. 그 장면 하나, 하나가 잊히지 않고 차곡히 쌓였으면 한다. 그렇게 먼 훗날이 되어도 노랫소리와 함께 오래도록 흘러나왔으면 한다.

셋. 나의 모든 순간에게

나는 나의 모든 순간이 애틋해

나는 나의 모든 순간을 기억해

나는 나의 모든 순간을 사랑해

정착[정:착] 일정한 곳에 자리를 잡아 붙박이로 있거나 머물러 삶

정착되어 산다고 생각해본 적이 없다. 내가 머물러 있는 곳을 떠난다는 것은 감히 떠나면 안 될 것만 같은 울타리를 벗어나는 기분이 아니라, 단지 떠나야 할 때가 되어서 떠나는 것을 의미했다. 그러니 떠나는 그 발걸음에 아쉬움이나 어딘가 아련함에 참을 수 없이 흐르는 눈물 같은 게 나올 리가 없었다. 누군가 빌려온 큼지막한 자동차에 짐을 욱여넣고 떠나기도 했었고, 내 몸집만 한 가방을 양손에 들고 푸르고 차가웠던 새벽 아래 쫓기듯 걸어 떠나기도 했었고, 생전 처음 보는 용달 아저씨에게 초라한 내 살림살이를 죄다 까발리면서 떠나기도 했었다. 그렇게 떠날 때마다 내가 느낀 감정은 대부분 후련함과 함께 들이닥치는 불안함일 뿐이었다. 딱 한 번, 두 눈이 벌게지도록 울었던 적이 있는데, 그때가 내가 기억하는 세상에 태어나 가장 처음으로, 머물던 곳을 떠났던 순간이다.

그 당시에는 이 공간에 대한 미련이나 아쉬움이나 애틋함 때문이 아닌 내가 떠난 후에도 여전히 이곳에 머물고 있을, 날 떠나보내는 그의 붉어진 눈시울을 봐버려서라고 생각했다. 난 원래 누가 울면 따라 울게 되는 고질병을 가지고 있으니까. 그러니까 지금 이 눈물도 그는 애써 숨기려던 그 눈물을 내가 눈치 없이 봐 버려서 흐르는 것일 뿐이라고. 그게 아니라면 이 지긋지긋한 곳을 떠난다는 이유로 내가 울리는 없다고 생각했다. 하지만 얼마 지나지 않아 내 착각이고, 자만이었다는 것을 깨달았다. 시간이 점점 더 많이 흐르면 흐를수록 착각이고, 자만이었다는 사실은 더욱 뚜렷해져만 갔다. 그 깨달음이란 내가 그곳을 정착해서 살아갔던 것이라는 사실이다. 정착되어 산다고 생각해본 적이 없던 내가 그곳에서만큼은 언젠가 떠날 것이라 예상치 못하고 머물러 있다가 막상 그렇게 되어버리니까 눈물이 났던 것이라고. 그도 그런 것이 그 이후로도 보통 1, 2년에 한 번씩은 머물던 곳을 떠나야 했지만, 단 한 번도 눈물을 흘린 적은 없었다. 그 이후로는 어차피 떠나야 할 곳을 당연하게 떠난 것이었으니 그랬다.

그런데 낯선 길 위에서는 참 이상했다. 잠시 머물다가 떠나는 것이 더욱 당연했던 이 길 위에서 나는 툭하면 울었다. 그 이유는 대부분, 아니 전부라고 해도 과언이 아닐 정도로 이곳을 떠나야 한다는 사실 때문이었다.

정착해서 살아가던 곳을 떠날 때나 흐르는 것이라 생각했던 눈물은 잠시 머물렀을지라도, 떠날 날이 명확하게 정해진 채 머물렀을지라도, 충분히 예상했던 그 떠나는 발걸음에 쉼 없이 흘러넘쳤다. 그리고 그제야 깨달은 새로운 사실은 머물렀던 곳을 떠날 적에 눈물이 나는 이유가 정착했던 곳을 떠나서만이 아니라 마음을 내어 주었던 곳을 떠나서이기도 하다는 것이었다. 머물렀던 시간에 비례하는 것이 아니라 단 하루일지라도 내어준 마음의 크기만큼, 떠나는 발걸음에 눈물이 나게 된다는 것. 그러니까 사실 나는 가장 처음 떠났던 그곳이 지긋지긋하긴 했지만 가장 따스했고, 또 아프면서도 애틋했고, 내 생에 마지막 순간에 제일 그리웠던 곳이라고 말할 수 있을 만큼 사랑했던 것이다. 그곳에서의 순간이 지금의 내가 그 어떤 수많은 것들에도 불구하고 살아가게 하는 것이라 해도 과언이 아닐 만큼.

그리고 낯선 길 위에서 또 그만큼의 그리운 장소를 머물다가, 떠났다가를 한참이나 반복한 후에 아마 내 생에 두 번째 정착을 했다. 상상조차 안 되던, 꽤 오랜 시간 잊고 있던 한국에서의 일상은 긴 공백이 무색하리만큼 여전했고, 얼마 전까지만 해도 당연했던 낯선 길 위에서의 나날은 이제는 꿈처럼 어딘가 깊숙이 담아져 버렸다.

뜻처럼 되지 않는 미래를 감히 예상해보자면, 나는 아마 이제 꽤 오랫동안 이곳에 정착해 살아가게 될 것 같다.
낯선 길 위에서 떠나는 발걸음에 눈시울을 붉게 만들었던 그 모든 순간은 나를 처음 울게 만든 그곳에서의 순간이 날 살아가게 했던 것처럼, 이제 또 앞으로의 내가 살아갈 순간을 더욱 살아가게 만들 것이라는 것도 함께 예상해보았다.
마음을 내어주었던 그리움이 담긴 그 모든 장면은 살아가면서 때때로 지칠 어느 날을 다독이고 위로해 줄 것이다.
그러니까 그리운 순간이 많다는 것은 나를 더 살아가게 한다는 말일지도 모른다고 생각했다.

여전히 익숙한,
여전히 그 자리에

 여전함이 주는 안도감이 있다. 워낙 빠르게 변해가는 세상을 살아가면서 가끔 마주하게 되는 여전한 것들은 나를 안도하게 한다. 달라져야만, 어제와 다른 새로운 것을 품어야만 할 것 같은 조급함을 잠시 달래주기도 한다.

4년이라는 시간이 그리 짧은 시간은 아니었다는 것을 증명해 주는 듯, 오랜만에 맞이한 이 일상에서 달라진 것은 쉽게 찾아볼 수 있었다. 한참 좋을 때라고 불리던 내 나이에는 자주는 아니지만 이따금씩, 이제 마냥 그렇지도 않다고 바라보는 시선이 생겨버렸고, 항상 비슷하다고 생각해왔던 또래 친구들은 각자 다른 주제를, 다른 우선순위를, 다른 삶의 방향을 갖고 있었다. 대부분의 카페, 편의점에서 스스로 꽂아야 하는 카드 결제를 할 때마다 눈치 없이 직원에게 카드를 내밀거나, 꽂아야 할 방향을 찾지 못하고 헤매게 되는 것도 그중 하나라고 할 수 있겠다.

이렇게 조금씩 변해버린 오랜만에 맞이한 일상에서 나만 그대로인 것만 같은 기분은 그리 좋지만은 않았다. 나는 괜찮다고 할지라도 자꾸만 그렇지 않다고 말하는 듯한 무거운 공기에 불안함을 느끼는 것은 오롯이 내 몫이었다.
그러다 보니 여전하게 살아갈 것이라고 호기롭게 장담했던 내 마음가짐에 크고 작은 생채기가 나기도 했다. 이건 도저히 스스로가 막아낼 수 없는 생채기였다. 하지만 막아낼 수는 없을지언정 이미 난 생채기를 치료할 수는 있었다. 그 치료를 가능하게 하는 것이 바로 오랜만이지만 여전히 그대로인 것들이었다.
여전히 퀴퀴한 시골집 냄새, 여전히 따뜻한 할머니의 밥, 여전히 거친 손길, 주름이 조금 더 깊어져 버렸지만 여전히 입을 모으고 웃는 얼굴, 여전히 별거 아닌 것에 깔깔대며 떠들게 되는 친구들과의 수다, 여전히 우리가 좋아하는 떡볶이, 여전히 괜찮다고- 잘하고 있다고 말해주는 목소리.
이 모든 여전한 것들은 막아낼 틈도 없이 생겨버린 모든 상처에 무심한 듯, 연고를 발라주었다. 이미 생겨버린 흉터를 완벽하게 지워주진 못하겠지만, 유난스럽지 않게 발라진 연고에 금방 희미해질 수는 있었다.
그러니 상처가 무서워서, 진하게 남을 흉터가 창피해서 아무것도 하지 못했던 그 어느 날과 달리, 이제는 상처가 생기는 고통은 잠시뿐이고, 흉터 또한 희미해지면 그만이라는 것을 안다. 내 곁에 있는 여전히 익숙한, 여전히 그 자리에 있는 모든 것들이 있다면 넘어지고, 다치는 것쯤이야 아무것도 아니라는 것을 안다.

그러니 나도 그 누군가에게는 여전한 존재가 되어보려 한다. 한 치의 오차도 없이 그대로일 수는 없겠지만, 그럼에도 불구하고 여전한 것들을 품고 살아가 보려 한다.

우리는 아직도 위태롭지만

 위태로운 시기를 거닐고 있는 사람들은 크게 두 분류로 나누어진다고 생각한다. 꿈이 없어서 불안하다는 사람과 꿈을 꾸는 것이 불안하다는 사람. 최소한 내 주변 사람들의 말을 빌리자면 그렇다. 그리고 또 서로는 서로를 부러워한다. 꿈이 없는 사람은 꿈을 품고 살아가는 당신을 부러워하고, 꿈을 꾸고 있는 사람은 차라리 이 막연한 꿈 없이 안정적으로 살아가는 당신을 부러워한다. 이렇게 서로가 서로를 부러워하지만 어찌 되었든 누가 더 나은 쪽이라고 감히 판단할 수는 없다. 그저 우리는 모두 위태로울 뿐이다.
나는 안정적으로 살아가는 누군가를 부러워했었다. 그러는 와중에 내가 부러워하는 그들 중 나를 부럽다고 말하는 이들이 있었지만, 그 당시에 나는 그저 '속 편한 소리들 하고 있네.'라고 소심하게 뒷담화를 좀 웅얼거렸을 뿐이다.
아마 그때 내가 꿈을 품고 살아가던 이유가 단지 남들보다 반짝거리고 싶은 오기뿐이어서 그랬나. 꿈이라도 품어야 내 인생이 덜 초라해 보여서, 꿈을 품지 않고 살아가기엔 인생에 너무 아무것도 없어서. 그리고 그걸 들키기가 끔찍하게 싫어서. 그러니 그때의 내가 꿈을 품었다고 해서 어딘가로 나아갈 수 있었을 리가 없었다.

겉만 요란한 꿈을 품은 인생은 위태로운 것은 둘째치고, 위태롭다고 하기에도 민망할 정도로 아무것도 없었다. 그리고 그 결과는 꿈을 품었다는 사실 자체를 불행하게 여겨 스스로를 갉아먹을 뿐이었다. 그러다가 이제는 정말로 꿈을 품어보게 되었다. 정말로 꿈을 품었다고 해서 뭐 딱히 대단해지는 것은 아니었지만, 최소한 누군가 내게 "넌 하고 싶은 게 있어서 좋겠다."라고 건네는 말에 뒷담화를 하지는 않는다. 가끔씩은 그 부러움에 우쭐대기도 한다. 또한 꿈을 품었다는 사실을 불행하게 여기기는커녕, 그 사실에 안도의 한숨을 쉬기도 한다. 그러다 보니 미세하게나마 어딘가로 조금씩 나아간다. 그 어딘가가 명확한 단계는 아니라 제대로 나아가고 있는 것인지 확신할 수는 없지만, 그래서 그 발걸음이 다소 위태롭지만, 그래도 조금씩 어딘가로 가긴 간다.

그 위태롭고도 희미한 길 위에서 나는 도전이라는 말을 꽤 자주 하게 된다. '내가 감히'라는 의심이 채 들기도 전에 덜컥 도전하게 되는 새로운 것들이 스스로의 한계도 모른 채 하나, 둘 쌓여가고 있다.

벅차다고 징징대면서도 놓지 못하고 꾸역꾸역 만들어가고 있는 것을 보면, 사실 나는 하나도 안 벅차고, 하나도 안 힘들고, 재밌어 죽겠는 것일 수도 있다. 그래서 그런지 요즘의 나는 시간이 아주 천천히 가길 바라면서도, 얼른 모든 것을 해치우고 속 시원해하고 있을 나를 보기 위해 시간이 훅 가버렸으면 좋겠다고 생각한다.

우리는 여전히 위태롭지만 그냥 무엇이든 해 보는 것이다. 그리고 그 불안하면서도 설레는 감정에 주문을 외울 뿐이다. "시간아, 천천히 빨리 가!"

*유난히 위태롭던 오늘의 하루에
건네고 싶은 노래*

기다린 만큼, 더	검정치마
지금 이 곳	김목인
흑백사진	김목인
꽃밭	이준형
위로	자우림
This Life	문성남
Supermarket Flowers	Ed Sheeran
Snow	Angus & Julia Stone
Sunsetz	Cigarettes After Sex

있어야 할 것이 없거나,
필요한 것이 모자라거나

 사는 게 마냥 쉽지만은 않은 사람들은 대부분 무언가 결핍되어 있다. 내가 그렇다. 그러니까 이러이러한 것이 '결핍되어 있다!'라고 똑 부러지게 말할 수는 없지만, (정의를 내리기 애매해서인지, 설명해야 할 것이 너무 많아 일일이 말하기가 귀찮아서인지는 모르겠지만) 내가 자꾸만 나아가고 싶어 발버둥 치는 이유는 열정이 가득한 사람이어서도, 부지런한 DNA를 타고나서도 아닌, 결핍되어 있어서라고는 확신할 수 있다.
생각해보면 내가 어느 하나라도 충족되어 흘러넘치고 있다면, 이걸 길가는 사람 아무나 붙잡고 퍼주지 않으면 안 될 것 같은 지경이라면 아무런 욕심도, 의지도, 딱히 마음이 가지 않는 노력도 하지 않은 채, 그저 바쁘게 살아가는 사람들을 바라보며 "허허. 다들 열심히 사는구면." 하고 사람 좋은 웃음만 짓고 있을 것 같았다.

나의 내면 깊은 곳에는 아주아주 나태한 게으름이라는 친구가 살고 있다. 이 친구가 너무 게으른 탓에 아직 수면 위로 떠오를 엄두조차 못 내고 있을 뿐이지, 만약 큰맘 먹고 부지런을 떨면 금세 수면 위로 떠올라 날 나태하게 만들 능력이 충분하다는 것을 안다. 어쨌든 이 친구가 부지런해지기 위해서는 일단 좋으나, 싫으나 내가 부지런히 뭐라도 해야만 했다. 그리고 그 부지런히 뭐라도 하라고 다그치는 채찍의 다른 이름이 바로 결핍이었다.

그렇다고 나는 나의 이 결핍을 딱히 원망하진 않는다. 물론 정통으로 때려대는 채찍의 아픔에 지독하게 원망했던 시절이 있기는 했지만 지금은 맷집이 좋아진 탓인지, 조절 능력이 떨어져 빗맞은 탓인지, 원망스러운 정도는 아니다. 가끔씩 정통으로 맞을 때마다 '내가 로또만 당첨되었어도 이런 개고생은 안 하고 있지!'라는 헛소리를 할지라도, 예전처럼 정말로 결핍이 원망스러웠다면 로또가 당첨되지 않았다고 개고생을 하는 것이 아닌, 로또가 당첨되지 않았다는 사실에 무너져 아무것도 하지 못했을 것이다.

어떻게 보면 다들 그렇다. 이 시대를 살아가는 우리는 '망했다', '왜 사냐', '하기 싫어' 소리를 입에 달고 살지만 그럼에도 모두는 망했다면서도 일단 헤쳐나가고, 왜 사냐면서도 살아내고, 하기 싫다면서도 하긴 한다.

그러니까 우리는 우리의 결핍을 원망한다고 말하면서도 사실은 그럼에도 조금씩 나아가고 있다.

월세를 감당하는 게 너무 벅차 간신히 전셋집을 구해 이사를 하게 되었다. 간신히 구한 만큼 말끔했던 월셋집과 달리 전셋집은 손써야 할 부분이 상당했다. 그만큼 무리한 지출을 하게 되었다. 그 손실을 메꾸고자 한동안 투잡으로 편의점 야간 아르바이트를 구하게 되었다. 주에 이틀은 자정부터 아침 6시까지 편의점에서 야간 근무를 하고, 퇴근 후 집에 들러 씻고 다시 출근 준비를 한 뒤, 8시까지 지옥철을 타고 본래의 직장에 출근해 저녁까지 일을 해야 했다. 그리고 저녁 7시쯤 집에 도착하면 3시간 정도 눈을 붙이고 다시 편의점으로 향해야 했다.

하루는 편의점에서 밤을 지새우고 다시 또 출근 준비를 하면서 친구에게 '편의점 끝나고 또 출근하는 내가 너무 불쌍해…'라고 메시지를 보냈다. 그리고 온 친구의 답장은 곧 괜찮아질 거라는 따뜻한 위로도, 힘내라는 응원도 아닌

'구라치지 마. 너 지금 희열 느끼고 있잖아.'였다.

친구의 답장에 반박하기에는 어느 정도 인정하는 부분이라 할 말이 없었다. 그저 세상의 모든 초라하고 결핍된 것들이 부끄럽지 않은 날이 왔으면 좋겠다고 생각하며 지옥철에 올랐다.

희망은 좋은 것

 삶을 살아가는 데 있어서 크고 작은 불안함은 따르기 마련이다. 물론 불안함이 따르지 않는다고 해서 삶을 살아가는 것이 아니라고 판단할 수는 없겠지만. 작게는 처음 가본 식당에서 지금 내가 시킨 메뉴가 맛없으면 어떡하지? 와 같은 불안함부터 지금 내가 가는 길의 끝에 돌이킬 수 없는 후회가 기다리고 있으면 어쩌지? 하는 불안함까지, 그 수는 아니, 수라고 하기에도 엄두가 나지 않을 만큼 각자가 품고 살아가는 불안함은 감히 계산할 수도 없다.
하루를 시작하고, 새로운 계절을 맞이하고, 하나의 해를 보내는 일을 하면서 우리는 수많은 선택을 하고, 또 그 선택의 결과에 조금씩 불안해하며 자연스럽게 살아간다. 무언가 선택하는 일에 불안함이 따르게 된다면 불안하지 않기 위해 선택하지 않는 삶을 살아가는 방법도 있다.
하지만 나는 불안하지 않다고 해서 그보다 더 행복해질 것이라고 확신할 수가 없다. 행복하지 않은 삶을 선택하는 것도 하나의 삶의 방식이라 말할 수는 있겠지만, 아마도 대부분의 사람들은, 감히 모두는 행복해지기 위해 살고 있을 것이다. 행복이라는 건 사실 유난스러운 것이 아니니까. 그저 어제보다 조금 더 괜찮은 오늘을, 오늘보다 조금 더 나아질 내일을 기대하며 살아가는 것만으로도 충분히 설명되니 말이다.

내가 선택해 나아가는 삶에는 불안함이 따르지만, 그래도 가끔 내 선택에 안도할 수 있는 감동 같은 걸 쥐여주기도 한다. 긴 방황을 마치고 한국으로 돌아왔던 그해, 나는 마음이 조금 어려운 시간을 보내야만 했다. 꿈과 희망을 품고 이젠 더 잘 살아갈 것이라며 당차게 돌아온 현실은 날 아무것도 아닌 존재로 만들기 충분했다. 그렇게 하고 싶다던 책을 만들어 낸 것도 막상 이루고 나니 "그래서 그다음은?"이라는 질문에 스스로를 증명해야 할 것만 같은 기분에 빠져 허우적댈 뿐이었다.

그렇게 또 하나의 해가 끝나가고 있었다. 그때 할머니가 날 찾아왔다. 먼 시골 마을에서 애써 서울까지 올라온 이유는 하고 싶은 말이 있어서라고 했다. 어린 시절 그때처럼 불 꺼진 방 안에 한 이불을 덮고 나란히 누워 할머니는 말했다. 대학을 가는 것이 어떻겠냐는 말이었다.

안 그래도 요즘 방향을 잡는 데 있어 이런저런 고민이 많을 참이었는데, 그걸 또 어찌 알고 이런 질문을 하는 할머니가 신기할 따름이었다. 할머니는 내게 졸업할 때까지 학비를 다 내 줄 능력은 안 되지만 첫 등록금 정도야 어떻게 해서든 내주겠다 하였다. 이 말을 하기 위해서 큰맘 먹고 서울에 올라왔다는 게 거짓이 아니라는 듯, 할머니의 억양에는 어떤 긴장감 같은 게 느껴졌다. 자신의 말에 혹시라도 내가 "이제 와서? 난 이미 망했어!"라고 대답이라도 할까 봐 걱정을 했던 모양이다. 그 긴장감을 풀어주고자 내가 답했다.

"나 안 그래도 사이버 대학 같은 데 가려고 알아보고 있었어. 거긴 등록금도 엄청 싸."

"너무 싸면 나중에 별로 소용없는 거 아녀?"

"에이. 그런 게 어딨어. 걍 내가 잘하면 되는 거지."

"그려~? 아이고 잘 됐다. 그럼 어여 등록해. 내가 요즘 너 대학 안 보낸 게 자꾸 마음에 걸려가지고… 네 뒷바라지 조금이라도 신경 써줬으면 지금보다 더 잘 살았으려나 하고…."

"나 지금도 잘 살아~ 알잖아, 원래 어딜 가든 굶어 죽지 않고 잘 사는 애인 거."

"알지, 알지. 우리 손녀 장하지~ 등록금은 얼만디? 서산 내려가면 은행 가서 붙여줄라니께."

"30만 원. 엄청 싸지? 우리 할머니 좋겠네. 몇백만 원 쓸 뻔한 거 30만 원 밖에 안 써서 ㅋㅋㅋ"

"그럼 나머지 더 주랴~?"

"됐네요. 그럼 남는 돈으로 내일 맛있는 거나 사줘."

이렇게 나는 애써 힘들게 서울까지 올라온 할머니에게 등록금도 뜯어내고 밥도 얻어먹는 철부지 손녀가 되었다. 그렇게 며칠 뒤, 새롭게 맞이한 해에 조금 늦은 신입생이 되었다.

한참을 잘 해낼 수 있을까에 대한 의심에 고민만 하던 나는, 할머니가 건넨 대학이라도 보내줬으면 더 잘 살고 있었을 텐데…라고 아쉬워하던 그 말 한마디에 단숨에 결정하게 된 거나 마찬가지였다. 할머니의 그 말은 단순히 고졸이 대졸보다 못 산다는 고지식한 훈계도 아니고, 내가 대학을 가지 않아 부족한 사람이라는 것도 아니었다.

그저 조금 더 다양한 경험을 할 수 있는 기회가 주어진다면, 그 기회를 막는 어떤 억울한 걸림돌을 치워낼 수 있게 된다면, 더 많은 것을 해낼 수 있을 거라는 나에 대한 믿음이었다.

그 믿음에 힘입어 결정한 선택은 아직 "그래서 그다음은?"이라는 질문에 명확하게 대답을 할 수 있는 상태로 만들어주진 못했지만, 훗날 또 다른 길 위에서 내가 선택할 수 있는 갈림길 하나 정도는 더 생겼다-고 말 할 수 있는 상태가 되었다. 아무리 비좁고 울퉁불퉁할지라도, 길이 하나 더 생겼다는 것만으로도 나는 조금이나마 안도할 수 있었다. 그리고 그 안도감은 나를 무엇이든 하나씩 해나가게 만들었다. 불안함이 나를 집어삼키지 않게 하려면 불안함에도 자꾸만 무엇이든 해야만 했다. 불안할지라도 내가 할 수 있는 것을 하나씩 해 나가야 했다.

그러던 와중에 잠시 떠났던 제주 여행에서 내가 가고자 하는 방향 언저리에 서 있던 한 사람을 만났다. 그리고 그는 이렇게 뭐라도 하고자 하던 내게 "조금 늦은 감이 없지 않아 있지만 안될 건 없죠."라고 말했다. 그리고 그 말은 눈물이 터져 나올 만큼 나를 다독였다. 늦었다는 말은 내가 괜찮다고 하면 그만이지만, 안된다는 말은 내가 괜찮다고 해도 소용이 없는 것이니까. 그러니까 그가 내게 늦긴 했지만 안 될 건 없죠-라고 건넨 그 말 한마디는 열 번이고, 백 번이고, 충분히 괜찮다고 할 수 있는 것이었다.

짧다면 짧고, 길다면 긴 이 삶을 계속해서 살아낼 수 있는 조건은 간단하다.
결국엔 행복해질 거라는 믿음, 그리고 그 믿음 아래 무엇이든 할 수 있는 것을 하나씩 해나가는 부지런함.

듀프레인이 레드에게 했던 말처럼,

"희망은 좋은 것이에요. 좋은 것은 절대 사라지지 않아요."

- 영화 〈쇼생크 탈출〉에서

단 한 번씩의 오늘

하고 싶은 일을 할 수 있으면, 할 수 있는 일이 하고 싶으면 얼마나 좋으련만, 인생은 꼭 그렇게만 흘러가지 않는다. 꼭 한 번씩 선택을 해야 할 수밖에 없는 상황을 쥐여주고야 만다. 누군가 간절한 무언가를 포기하는 꼴을 봐야 직성이 풀린다는 듯. 그리고 그 선택의 갈림길 위에서 대부분의 사람들은 덜 후회할 수 있는 쪽을 고민한다. 이건 더 좋아할 수 있는 쪽을 선택하는 것과는 완전히 다른 맥락이다. 애써 선택의 갈림길 위에 세워놨더니 하라는 선택은 안 하고 다 해버릴 거라고 욕심부리는 사람도 있다.
내가 그렇다. 현실에 걸맞지 않은 이상을 꿈꾸고, 하루라도 아무 생각을 안 할 수가 없는 조금 피곤한 스타일. 이러는 데에는 나름 변명을 할 수가 있는데 하고 싶은 일을 선택하기도 해봤고, 할 수 있는 일을 해보기도 했지만, 그중 어느 쪽도 날 안심시키지 못했다.

마치 뒤로 넘어져도 코가 깨지는 듯한 기분이었다.
그렇다고 또 아예 다른 방향으로 틀자니, 이미 걸어온 발자국에 내심 정도, 미련도 생겨버렸다. 워낙 잔정에 약한 사람이라, 미련은 더더욱 많은 사람이라 무시할 수도 없는 노릇이었다. 그러니 내가 할 수 있는 건 둘 중 어느 하나도 버리지 못하고 욕심내는 것뿐이었다.
욕심내는 자의 최후는 둘 중 하나다.
체하거나, 배 터지거나.
혼자 식당에 가도 면과 밥, 느끼한 맛과 매콤한 맛, 뜨거운 것과 차가운 것의 갈림길에서 결정을 내리지 못하고 둘 다 먹어버린다. 특히 여행지와 같이 두 번은 갈 수 없는, 단 한 번의 일정만 허용된 식당에 가게 되면 더더욱.
먹는 것 하나에도 이러는데 살아가는 삶에서는 어떻겠냐는 것이다. 두 번 경험할 수 없는, 단 한 번씩의 오늘만이 허용된 이 생을 살아가면서 어느 하나 포기해야 하는 것은 내게 너무 어려운 일이었다.
풍요롭지 않았던 어린 시절, 가끔 흔히 먹을 수 없는 맛있는 음식을 먹는 날엔 오늘이 마지막인 것처럼 먹어대던 습관 때문인지 남들보다 두 배, 세 배에 달하는 음식을 욕심내서 먹는다 한들 체한 적은 없었다. 평소보다 과한 날에는 배가 터질 듯했지만, 내가 견뎌낼 수 있는 배부름이었다.

설령 체했을지라도 아무것도 먹지 못하고 시름시름 앓는 것이 아니라 또 다른 음식을 섭취함으로 체해버린 속을 억지로 밀어내곤 했다. 이런 식습관에 나름대로 자부심을 가지고 있던 탓인지, 음식이 아닌 삶에 대해 욕심을 부리는 것이 그리 벅찬 일만은 아니었다. 아니, 사실 벅차긴 했지만 포기해야 하는 억울한 감정을 격하게 느껴본 기억이 더 끔찍해서 차라리 벅찬 게 나았다.

하지만 더 나았다고 해서 괜찮았던 것은 아니었다. 쓸데없는 고집이 조금 있는 편이라 겉으로는 나름 괜찮은 척을 해왔지만, 종종 내 분수에 맞지 않은 짓이라는 느낌을 받을 때마다 아무것도 할 수 없는 정지 상태에 이르렀다. 그 정지 상태를 들키지 않기 위해서는 또 계속 무언가를 해야만 했다. 나도 모르게 하기 싫은 척, 게으른 척으로 포장을 하면서도 계속 대단하지 않은 무언가를 남몰래, 치열하게 꼼지락거리고 있었다.

그러던 와중에 지인이 공모전 포스터 사진을 하나 보내왔다. 이제 나의 이야기가 아닌 누군가의 이야기를 써보겠다고 마음'만' 먹은 내게 도전해보라고 건넨 그의 호의였다. 그의 호의에 내가 보낼 수 있는 답장은 'ㅋㅋㅋㅋㅋㅋㅋㅋ'을 세지 않고 보내는 것이었다. 마음'만' 먹었을 뿐 아무런 준비도 되지 않은 내가 할 수 있는 대답은 그뿐이었다.

결국엔 단지 도전에 의의를 두자는 그의 말에, 그리고 스멀스멀 올라오기 시작하는 내 욕심에 이야기를 써 내려가긴 했지만. 정말로 맹세컨대 도전이라는 욕심을 부린 것이지, 수상에 욕심을 부린 것은 절대 아니었다. 딱 한 번, 운이 좋아서 간신히 입상이라도 하게 된다면 상금으로 스쿠터를 한 대 장만할까-하고 농담 삼아 떠들긴 했지만, 그건 정말 농담이었다고 맹세할 수 있었다.

그리고 며칠이 지나고 여느 날과 다름없이 책상에 앉아 하고 싶은 일을 하기 위한 공부를 하다가, 지금 이게 무슨 소용인가 싶은 답답함에 영어 공부를 했다가, 괜히 통장 잔고를 훑어버리는 바람에 한숨을 쉬기를 반복하고 있던 이른 오후였다. '띵!'하는 맑은 소리와 함께 문자 메시지가 하나 도착했다. 〈수상을 진심으로 축하드립니다〉로 시작되는 문자였다. 떨리는 손으로 간신히 열어 본 수상자 명단에 내가 농담 삼아 기대했던 장려상이 아닌 그보다 조금 위에 있던 내 작품명을 발견한 순간 주체할 수 없는 떨림에 눈물이 터져 나왔다. 떨리는 손으로 할머니에게 전화를 걸자 믿지도 않는 하느님에게 울먹이며 감사함을 표하는 할머니의 음성에 더욱 큰소리로 엉엉 울었다.

앞으로 꾸준히 글을 써도 된다는 허락을 받은 기분이었다. 내가 하고자 하는 일에 누군가의 허락이 그리 중요한 것은 아니라는 걸 알면서도 그 누구인지도, 무엇인지도 모를 뭔가가 해주는 허락이 한편으로는 절실하기도 했으니까.

사실, 꾸준함의 힘을 믿는다고 하면서도 내가 행하는 꾸준함이 쓸데없는 오기라는 의심은 떨쳐낼 수가 없었다. 그렇다고 아예 놓을 자신은 더 없어서 그 불안함을 조금이라도 덜어내고자 나는 조금 벅찼을지도 모른다. 현실적으로 허덕이지 않을 수 있도록 먹고사는 것의 문제와 하고 싶은 것의 문제를 동시에 해낼 거라고 아등바등하는 꼴이 한편으로는 짠하기도 했다. 이런 나의 불안하고도 짠한, 짠하고도 안타까운 시작에 큰 응원을 받은 기분이랄까.

게다가 지금까지의 나의 경험이 조금씩 묻어있는 이야기였던 만큼, 그 모든 순간이 사실은 헛된 시간이었을지도 모른다는 일말의 의심이 모두 사라져 버린 듯했다. 내 욕심이 막 그렇게 터무니없지는 않은 것 같기도 했다. 여기에 조금 더 오버해서 역시 인생의 모든 순간 하나하나는 결코 헛되지 않았다는 감성에 취하기도 했다.

울먹이며 전하는 나의 수상소감을 들은 고모는 지금의 감정을 절대 잊지 말라고 했다. 덕분에 삶에 대한 나의 욕심은 더욱 활개를 치고 다니겠지.

아무렴 어떠한가.
단 한 번씩의 오늘만이 허용된 매일매일을 걸어가면서, 잘 살아가고픈 욕심을 부리는 사람을 욕할 자격은 그 누구에게도 주어지지 않는다.

좋은 시절

 슬슬 더운 냄새가 나기 시작할 무렵이면 창을 닫는 일이 거의 없어진다. 약간의 틈도 없이 창문을 꽉 닫아버리면 숨이 턱 막혀오는 기분이 든다. 더운 것과는 조금 다른 답답함이다. 아무튼 퇴근 후 집으로 돌아오면 가장 먼저 하는 일은 씻는 것이다. 누구는 집에 오자마자 바로 씻는 사람이 세상에서 제일 신기하다고 하던데, 나는 그가 신기해할 만큼 부지런한 정도는 아니고, 단지 씻지 않고 외출복 상태로 침대에 올라가는 것을 탐탁지 않아 하는 내가 얼른 침대에 올라가고 싶은 마음에 후다닥 씻는 것뿐이다.
침대 위에서의 게으름을 피우기 위해, 그러니까 게으름을 위해 부지런을 떠는 것이라고 말할 수 있겠다.
그렇게 씻고 나면 침대에 기대앉아 할 일들을 느긋느긋 해치운다. 이때 침대 옆에 있는 큰 창문은 활짝 열어놓는다. 바로 옆에 또 다른 집이 찰싹 붙어있기에 해는 잘 들어오지 않지만, 바람은 솔솔 잘 들어오는 이 구조가 신기할 정도로 기분 좋은 저녁 바람이 창문 틈으로 들어온다. 저녁 바람과 함께 불어오는 것이 또 하나 있다. 바로 아랫집에서 오가는 대화가 토시 하나 빠지지 않고 함께 새어 들어온다. 우리 집에선 이 시간이면 질릴 때까지 반복하는 멜론 재생 목록이 전부인데, 아랫집은 매일 다른 주제로 항상 시끌시끌하다. 똑같이 반복되는 것은 고소한 밥 냄새가 항상 스멀스멀 퍼진다는 것과 시끌시끌한 목소리의 주인공은 어린 남매라는 것이다.

목소리로만 알게 된 아랫집 가족에 대한 정보는 남매의 나이는 초등학생 정도라는 것, 남자아이가 오빠라는 것, 이 남자아이는 여동생을 하루라도 놀려먹지 않으면 입안에 가시가 돋는다는 것, 여동생은 하루도 빼놓지 않고 그 놀림에 '하지 마~ 하지 마~'라며 화내는 척을 하지만 사실은 새어 나오는 웃음을 감출 수가 없다는 것, 가끔 아빠에게 크게 혼쭐이 나는데, 그 이유의 대부분은 온종일 아무것도 하지 않은 게으름이라는 것, 그런 이유로 두 남매가 혼날 적이면 괜히 나까지 움찔한다는 것, 엄마는 어느 길고양이의 밥과 물을 매일 챙겨준다는 것, 그 고양이가 최근에 낳은 새끼들까지 아주 예뻐해 준다는 것.

이들은 내가 그들이 사는 세상을 엿듣고 있는 것을 알까?

비밀 이야기였다면 창문을 꼭 닫고 했을 테니, 나처럼 창문을 활짝 열어놓은 채 새어나가도록 풀어 놓은 그 이야기들을 엿들었다는 것에 그다지 큰 죄책감은 없다.

나는 어쩐지 그 재잘거리는 소리가 듣기 좋았다. 어느 날부터는 그들이 둘러앉아 복작복작 저녁밥을 먹을 시간이면 내 방 노랫소리의 볼륨을 낮추기도 했다. 한참 다이어트한다고 저녁밥을 배불리 먹지 못했을 시기에는 아랫집에서 스멀스멀 올라오는 맛있는 냄새에 고통스럽기도 했지만, 그러는 와중에도 창문은 닫지 않았다.

매일 저녁 집에서 맛있는 냄새가 나는 일이 꽤 어려운 일이라는 것을 안다. 그리고 그 맛있는 냄새에 온 가족의 재잘거리는 소리가 매일 같이 들리는 일은 더욱 어려운 것이라는 것도 안다. 그러니 그 어려운 일이 당연한 듯 매일같이 이어지는 아랫집의 소리를 나는 좋아할 수밖에 없었다.

집 안에 행복이 가득하다는 증거는 모두 저녁에 발견되는 것만 같았다. 모두의 저녁은 각각 조금씩 다르게 흐르고 있지만, 어둠이 내린 저녁이 유독 밝은 공간이라면, 오히려 해가 쨍한 대낮보다 훨씬 활기차고, 환한 공간이라면, 그곳은 필히 따뜻하고 행복이 가득한 곳이라고 확신할 수 있었다. 아무리 각박하고 치열한 하루를 살아간다고 할지라도 여유 한 스푼 정도 가미된 저녁을 가질 수만 있다면 세상은 충분히 아름답다고 말할 수 있을 것 같았다.

그리고 한편으로는 내게도 매일 저녁 맛있는 냄새가 새어 나가던 어느 한 시절이 있었다는 사실에 남몰래 감사함을 표하며, 또 다른 아름다운 시절이 오기를 기다리는 중이다.

잘 살았으면 좋겠다는 말

 가끔 나는 내 책을 읽은 독자님들이 남겨주신 후기를 몰래몰래 찾아 읽는다. 부끄러움을 무릅쓰고 댓글을 달기도 하고, 직접적으로 받은 메시지에는 감사함을 잔뜩 담아 답장을 보내기도 한다. 그러다 이따금씩 내가 봤다는 것을 말하기도, 누군가에게 보여주기도 겁이 날 정도로 아프면서도 따뜻하고, 또 벅차면서도 과분한 후기를 만나게 되는 데 그럴 때면 조용히 수첩 하나를 꺼내 몰래 간직한다. 아프고 과분하다면서도 간직하지 않고는 못 배기게 만들기 때문에 몰래라도 새기긴 해야 했다. 그중 날 울린 후기의 일부를 옮겨보겠다.

 - 책을 읽던 중 나도 모르게 잠에 빠져들었는데, 잠에서 깨어나자마자 내 곁에 있는 이 책을 보면서 안도감을 느꼈다. 잠결에 느낀 조금은 당황스러운 나의 감정에 내

마음을 참 동요하는 책이구나…를 알아차린다. 그리고 작가님에 대한 감사함과 슴슴한 응원의 마음을 느껴본다.

- 집으로 돌아가는 기차 안에서 한 눈 팔지 않고 다 읽고 나서는 먹먹함에 한참을 창문만 바라보고 있었네요. 좋은 글 너무 감사해요. 이런 먹먹하고 따뜻한 위로는 정말 오랜만인 것 같아요. 제 별일 없던 하루에 깊은 감동을 남겨주셔서 정말 감사해요. 늘 건강 챙기시고 오늘 하루 행복하세요.
- 꼭 제 마음인 것처럼 공감이 가는 글에 몇 번을 울고, 웃다 했는지 몰라요. 무기력한 일상에, 막막한 현실에 지쳐있던 제게 소소하지만 분명 강한 응원이 되었어요. 이 마음을 잊지 않고 열심히 살면 좋은 일이 생길 것 같은 기분이 드는 날이네요.

안도감을 느꼈다는 그 말은, 먹먹하고 따뜻한 위로가 되었다는 그 말은, 더 행복해질 수 있을 것 같은 응원을 받았다는 그 말은, 되려 내가 몇 번이고 갚아주고 싶은 마음을 품게 만들었다. 여유롭지 않은 마음을 달래주는 것은 유난스러운 겉치레가 아니었다. 그저 진심이 담긴 말 한마디면 충분했다.

누군지도 모를 누군가를 위한 글을 쓰겠다면서 가끔씩 위태로운 감정을 마주하게 되는데 그런 내게 '충분히 이유 있는 이유였어요.'라고 말해주는 것만 같았다.

누군지도 모르는 누군가를 위로하고, 또 누군지도 모를 나의 안녕을 바라는 마음을 받는다. 이것만으로도 내가 꾸준할 수 있는 이유는 충분했다. 그러니 나는 계속해서 말해야지. 당장의 막막한 내일 보다 언젠가 다시 마주하게 될 잊지 못할 순간을 위해 오늘을 살아가고, 막막하지만 그럼에도 애틋한 하루하루를 최선을 다해 살아내자고.

우리가 살아있는 한,

살아가는 한,

내가 나를 응원하면,

우리가 우리를 응원하면

잘 살아낼 수 있을 것이라

믿어 의심치 않다고.

당신의 아름다운 하루에 박수를

 제주를 여행할 때였다. 전날 눈에 담은 노을의 여운이 다음 날까지도 이어져 같은 장소로 다시 한번 어제의 노을을 느끼기 위해 향했다. 노을을 기다리며 한참을 앉아있는데 어쩐지 어제만큼의 감동을 느낄 기미가 보이지 않았다. 어제는 적당히 피어 있는 하얀 구름이 점점 색을 내고 물들어가는 모습이 꽤 아름다웠었는데, 구름 한 점 없는 오늘 하늘은 조금 맨송맨송한 느낌이었다. 항상 그랬다. 구름 한 점 없는 하늘보다는 하얀 구름과 파란 하늘의 적당한 조화를 더 선호하는 편이었다. 사진도 그런 상태의 하늘이 더욱 예쁘게 담겼다.
밍밍하게 저무는 해를 바라보며 굳이 어두워질 때까지 기다릴 필요는 없겠다고 생각했다. 심지어 점심을 시원찮게 먹은 탓에 배도 고파왔다. 이런 상태라면 차라리 일찍 숙소로 돌아가 저녁을 먹고 쉬는 편이 더 효율적이겠다고 생각한 나는, 애써 미리 도착해 자리 잡고 있던 '노을 명당자리'를 다른 사람에게 내어주고 버스 정류장으로 향했다. 배차 간격이 긴 버스가 눈앞에 보이길래 타이밍 한 번 기가 막히게 잘 맞췄다며, 역시 일찍 일어나 정류장으로 향하길 정말 잘했다며 헐레벌떡 뛰어갔다. 당장 출발을 안 하고 있는 것을 보니 기사 아저씨께서 뛰고 있는 내 모습을 보고 기다려 주시는 듯했다.

그런 기사 아저씨에게 감사 인사를 건넬 준비를 하며 앞문 앞에 서기까지 두 발자국이 남았을 때였다. 아니, 다리를 크게 벌리면 한 발자국이라고 해도 될 만큼 정말 거의 바로 앞이었다. 마치 일부러 내가 코앞에서 버스를 놓치는 좌절감을 느껴보길 바라기라도 한 것처럼, 정말로 한치의 과장도 없이 코앞에서 버스는 날 두고 떠나버렸다. 이럴 거면 차라리 10초라도 먼저 떠났을 것이지, 버스 안 창가 쪽에 앉은 사람들이 벙쪄버린 내 표정을 모두 봤을 것이라고 생각하니 수치심에 얼굴이 붉게 달아오르는 것 같았다. 다음 버스는 30분 뒤에야 온다는 것을 확인하니, 기사 아저씨가 더욱 야속하게 느껴졌다.

정류장에 가만히 앉아 핸드폰을 만지기에는 배터리가 얼마 없던 터라 원래 계획대로 노을이나 보자며 다시 바닷가 쪽으로 발걸음을 돌렸다. 그리고 골목에 들어서자마자

저 멀리 바닷속으로 오로라를 펼치며 지는 해를 마주했다. 그 순간 조금 전 느꼈던 수치심이라던가, 괘씸함, 야속함과 같은 뾰족한 감정들은 흔적도 없이 사라지고 말았다. 오히려 기사 아저씨가 "아가씨! 이렇게 해가 아름답게 지고 있는데 버스에 타겠다고? 그럴 순 없지!"라고 외치며 날 두고 떠난 듯한 망상에 빠질 지경이었다. 그리고 아차 싶었다. 어제의 노을을 이길 하늘은 없을 것이라며 자신만만했던 오늘의 오만이 부끄러운 듯 움츠러들었다.

비슷하게 반복된다고 생각했던 것들은 사실 매일, 조금씩, 다른 모습을 하고 있다. 단지 내가 마음을 다해 보지 않아 몰랐던 것뿐이다. 기대했던 것들이 실망을 주기도 하지만, 간혹 별거 없을 줄 알았던 것들이 예상치 못한 감동을 주기도 한다. 삶이라는 건 그렇다. 그저 그렇게 매일 똑같은 하루를 반복하는 것 같지만, 늘 예기치 않게 흘러가는 중이다. 그러니 실망이 가득한 날들에 증오를 퍼붓느라 지치지 않기 위해서는 예기치 못한 감동이 있을 것이라고 애써 합리화를 해 보는 방법이 있다.

어제와 별반 다르지 않을 것이라고 무심한 듯 말하면서도 혹시 모를 일말의 희망 같은 것을 조심스레 기다려 보는 것. 어제보다 더 기가 막힌 노을이 펼쳐질지도 모르니 일단은 매일 바닷가에 나가 앉아 있어 보는 것처럼 말이다.

예상치 못한 감동은 대개 꾸준한 사람들에게 찾아오니까. 그러니까 최대한 꾸준히, 버텨보는 것이다. 그렇게 버티고, 버텨도 내가 기다리던 감동적인 순간이 오지 않는다면, 더 이상 버틸 기력이 남아있지 않다면, 그냥 아름다운 것들이라도 열심히 주워 담는 방법도 있다.

세상에는 아름다운 것들이 아주아주 많다.

길거리에서 우연히 만난 고양이의 울음소리, 일기 예보와 달리 화창한 날씨, 이불 속에 누워 가만히 듣는 빗소리, 바위에 철썩철썩 부딪히는 파도 소리, 살갗을 파고드는 시원한 바람, 계절에 따라 바뀌는 나뭇잎의 색깔, 오로라를 펼치며 지는 해, 오랜만에 받은 옛사람의 안부 인사, 다음 주를 기다리게 만드는 드라마, 좋아하는 가수의 신곡, 우연히 들어간 식당 아주머니의 친절함.

비록 우리가 살고 있는 세상은 조금 빠르게 흘러가서 이 수많은 아름다움을 느끼기란 말처럼 쉬운 일은 아니지만, 한편으로는 3초 정도만 멈춰 서서 바라봐도 충분히 느낄 수 있는 흔한 것들이기도 하다.

무의미한 삶에서 의미를 찾는 것은 생각보다 유난스럽지 않다. 공부를 잘하는 것, 높은 직급을 얻는 것, 자가에 사는 것, 부자가 되는 것 등등. 대중적인(?) 삶의 의미를 아예 무시하기란 웬만큼 강력한 마이웨이 유전자를 타고나지 않는 이상 쉬운 일은 아니지만. (나 또한 굉장히 그렇고.) 그래도 대중을 따라가는 와중에 아름다운 것들을, 내가 좋아하는 것들을 품는 과정을 게을리해서는 안된다. 차라리 사라지는 편이 낫겠다는 생각이 머리에 가득 찼을 때, 그래도 살아가게 하는 것은 결국 눈이 부시게 아름답고, 마음을 울렁거리게 만드는 좋아하는 것들이다.

그러니 때가 되어 사라지게 되는 그날까지 버티다 보면 살아있는 것이 슬픈 것보다 사라지는 것이 더 슬퍼지는 어느 날이 올 것이라고 절실하게 믿는다. 어찌 되었든 살아있는 것은 축복이니까. 단지 우리가 너무나도 당연한 일상에 젖어 자주 깜빡할 뿐이지, 이 당연한 일상을 거닐 수 있다는 것 자체가 아주아주 아름다운 축복이니까.

그러니 매일매일 말한다.
이미 잃어버린 숱한 어제와
그저 지나가는 오늘과
벌써부터 위태로운 내일이
사실은 아주아주 그리운, 그리워질 것들이라고.
훗날 떠오를 그 모든 그리운 것들은 결국 살아있음을
안도하게 할 것이라고.
그러니까 오늘도 무사히 잘 버텨보자고.

안녕을 고하며

 기댈 수 있는 무언가가 없다는 것은 사람을 참 겁쟁이로 만들곤 한다. '일단 해보지'라는 말보다 '했다가 망하면?'이라는 말을 더 자주 하게 되니까. 수많은 불안함과 막막한 현재와 알 수 없는 미래에 벌벌 떨던 나에게 지난 3년이 넘는 시간은 겁쟁이라는 자기소개 아래 조금 아이러니한 이력이 되었다. 떠나기 직전까지도 정답이 아닐 경우에 요동칠 감정 소모에 벅차, 수도 없이 고민을 했다. 선뜻 짐을 쌀 수 없는 마음 상태에 결국, 밤을 지새운 당일 아침에도 나는 갈피를 못 잡고 있었다.

그래도 어찌 되었든 나는 떠났다.

환불 되지 않는 비행기 표 때문인지, 여기저기 떠들어 놓은 입방정 때문인지, 쓸데없는 오기 때문인지, 혹은 더는 내가 살아가는 이 인생에는 아무것도 없다는 사실에 징징대고 싶지 않아서인지는 모르겠으나, 제 몸만 한 배낭을 메고 기어이 낯선 세계로 도망쳤다.

한 발, 한발 조심스럽게 내디뎠던 낯선 장소는 하나둘씩 쌓여 어느새 익숙한 시간으로 접어들었다. 그렇게 이제는 이 낯선 세계가 그 어느 순간보다 익숙해질 즈음, 하나하나 곱씹지 않으면 한 번에 말할 수 없을 정도로 수많은 장소와 짧지 않았던 시간이 끝나고 나는 다시 내가 원래 있던 곳으로, 있어야 할 곳으로 돌아왔다.

마냥 어리고, 순수하고, 해맑은, 그러면서도 한없이 위태롭던 스물넷은 마냥 어리지만은 않은, 조금 때가 타고, 어떨 때 보면 영악한, 그러면서도 별거 없는 스물아홉이 되었다. 위태롭던 스물넷에서 별거 없는 스물아홉이 되기까지 많은 순간이 있었다. 그리고 그 많은 순간은 많은 것을 변하게 했다. 그러니까 뭐 이렇다 할 눈에 띄는 것들이라 하기엔 애매하지만, 분명 꽤 많은 것들이 변해있었다.

여전히 불안하지만 그럼에도 괜찮다고 말할 수 있게 되었고, 여전히 망한 듯한 이번 생에 막막하다 징징대지만 그럼에도 자꾸만 무언가를 하나씩 할 수 있게 되었다.

스스로가 할 수 있는 것을 하나씩 해 보는 것에는 생각보다 많은 용기가 필요했고, 그만큼 꽤 장한 일이라는 것을 깨달았다. '그거 해서 뭐, 그래봤자 뭐'라는 말보다 '이거라도 해 보지, 혹시 모르잖아.'라는 불안한 기대를 안고 살아갈 수 있게 되었다는 것.

그렇다는 건 내 삶에 징글징글하게 붙어있는 이 모든 하찮은 것들을 품고 악착같이 살아가고 싶어졌다는 말이기도 했다. 그러니까 나의 모든 아픔과 불행이 사라지지 못함에 원통하기보다는, 그저 그 아픔과 불행은 지금의 나를 조금 더 단단하게 만들어주는 것뿐이라고. 그러니까 그 아픔이 여전히 사라지지 못한 채 남아있을지언정 그럼에도 불구하고 장하게, 기특하게 잘 살아가겠다는 마음을 품게 되었다는 것이다.

그렇다고 해서 떠나기 전, 전전긍긍 살아가던 내가 이제는 한껏 여유로운 마음으로 우아하게 산다는 건 아니다. 아직도 나에겐 낭만보다는 당장의 먹고 살아갈 걱정이 한 발짝 더 앞서있고, 속 편하게 살아가는 누군가를 배 아파하며 바라보는 건 여전하다.

그럼에도 지난 나의 모든 순간에 후회가 아닌 다행이라는 말이 나올 수 있는 이유는, 이제는 전전긍긍 살아가는 나의 삶에 문득 떠오를 예쁜 추억이 잔뜩 생겨버려서, 앞으로 살아갈 많은 시간 속에 신나게 떠들 수 있는 나의 이야기가 한가득 생겨버려서, 여전히 각박한 인생을 애써 괜찮다고 억지 부리는 것이 아닌 정말로 괜찮다고 말할 수 있게 되어서, 낭만이 최우선이 되지는 못할지언정 사소하고 별거 없는 나의 모든 순간을 사랑하며 살아가는 방법을 조금은 알게 되어서 그렇다.

나도 이러했으니 당신도 괜찮아질 자격이
충분하다는 것을 알았으면 좋겠다.
별거 없다 할지라도 아무것도 아닌 것은 없고,
마냥 행복하다고만 하기엔 고된 세상에서
우리는 충분히 애쓰고 있으니까.

그러니까 나는 하나뿐인 당신의 삶을 응원해요.
어찌 되었든 우리는 살아있고, 살아가고 있으니까!

Thanks to.

강민정	김정규	서문정	윤보라	전슬기
강솔	김정자	서민지	이명숙	전슬기
강예은	김지현	서한나	이명환	전영이
강형준	김진왕	선채경	이미연	전현주
곽동진	김한얼	성미지	이사랑	정기영
구서희	김현영	성연주	이서연	정다영
구지혁	김현지	손동영	이수빈	정미순
권예진	김혜진	손민아	이아윤	정예지
권윤이	노성호	손은정	이원재	정원정
권재은	노요한	송유진	이유리	제이쓴
김다인	류보란	송혜림	이은경	조민경
김대운	류인호	송호상	이정아	조수희
김동민	문송현	신순기	이준현	조응희
김동진	문지훈	신재영	이지원	조유진
김미연	박민서	안성희	이지희	주진희
김민주	박소은	안창진	이진혁	차지예
김민지	박은지	안혜수	이태우	최유희
김보람	박종진	양서정	이현우	최이슬
김상국	박지유	양지연	이현준	최장환
김선자	박혜솔	오민영	이혜연	최재운
김승태	방유진	오윤희	임선화	최재인
김아영	배성애	유미리	임소민	최진규
김영은	백용선	유승아	임진주	최진욱
김예슬	백유진	유아영	장경서	최진환
김의성	백지은	유호	장훈희	최현지

편정민
한주희
허영훈
현재민
홍종환
황보진우
황선주
황승현
황현희
황효선
JoJo

이 책이 세상에 나올 수 있었던 건
모두 여러분 덕분입니다.
저의 사소하고 별거 없는 순간에
소중한 응원을 건네주셔서 감사드려요.

저 또한 여러분의 매일을,
언제나 응원합니다.

나는 이 책을 만난 당신의
사소하고 별거 없는 모든 순간이
조금 더 행복해지길 바랍니다.

사소하고 별거 없는 모든 순간에게

이채은 수필집

초판 인쇄 2020년 11월 30일

지은이 이채은
발행인 이채은
편　집 이채은
표지디자인 이채은
펴낸곳 레이지북(Lazy books)

출판등록 2020 년 3 월 26 일
이메일 mclove8122@naver.com
인스타그램 @moonichae

ISBN 979-11-970088-0-1

* 이 책의 판권은 저자에게 있습니다.
* 책 내용의 전체 또는 일부를 이용하려면 출처를 밝혀야 합니다.
* 책 가격은 표지에 있습니다.
* 잘못된 책은 교환해 드립니다.